De Stadt Lier Door De Rebellen Verrast Ende Door De Borgers Van Mechelen Ende Van Antwerpen Ontset...

Jos Jacques de Munck]

Nabu Public Domain Reprints:

You are holding a reproduction of an original work published before 1923 that is in the public domain in the United States of America, and possibly other countries. You may freely copy and distribute this work as no entity (individual or corporate) has a copyright on the body of the work. This book may contain prior copyright references, and library stamps (as most of these works were scanned from library copies). These have been scanned and retained as part of the historical artifact.

This book may have occasional imperfections such as missing or blurred pages, poor pictures, errant marks, etc. that were either part of the original artifact, or were introduced by the scanning process. We believe this work is culturally important, and despite the imperfections, have elected to bring it back into print as part of our continuing commitment to the preservation of printed works worldwide. We appreciate your understanding of the imperfections in the preservation process, and hope you enjoy this valuable book.

DE STADT LIER

DOOR DE REBELLEN VERRAST

ENDE

DOOR DE BORGERS

VAN

MECHELEN

ENDE VAN

ANTWERPEN

ONTSET.

Dit verhael opgeheldert met veele Aenteekeningen ende Bewys-Stucken tot meerdere kenniffe foo van de geschiedeniffe, als van de Perfoonen de welke daer in deel gehadt hebben.

DOOR I.-I. D. M.

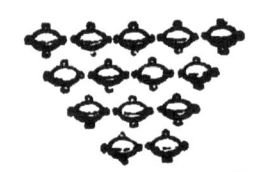

TOT MECHELEN,
BY IOANNES-FRANCISCUS VAN DER ELST.
MDCCLXXXI.

Nisi Dominus custodierit Civitatem, frustra vigilat qui custodit eam.

Psalm. 216.

Ten sy dat den Heere de Stadt sal bewaert hebben, te vergeefs waeckt hy die haer bewaert.

VOOR-REDEN.

Het haestigh verrassen ende innemen, mitsgaders het geluckigh ontsetten ende verlossen der Stadt Lier, *heeft dusdaenig tot verwonderinge gedient soo om de kloeckmoedigheyt der Borgers van Mechelen ende van Antwerpen, als om het goedt beleyt van hunne Aenleyders, dat dese geschiedenisse aenstonts wirdt beschreven ende in het licht gegeven als volght:*

CORT VERHAEL van den aenslach, ende veroveren der Stadt van *Liere*, geschiet den xiv. Octob. M. D. XCV. Gheprint T'hantwerpe, by my Anthoni de Ballo, op onser Liever Vrouwen Kerck-hof, onder den Thoren in den gulden Sampson.

Mitsgaders het selve Verhael, doch een wynigh verschillende ende vermeerdert, met desen tytel:

CORT VERHAEL van den aenslach, ende veroveren der Stadt van *Liere*, geschiet den xiiij. Octobris M. D. XCV. Gheprint T'hantwerpen by my Anthoni de Ballo op Onser Liever Vrouwen Kerck-hof, onder den Thoren in den gulden Sampson.

Wonderlycke miraculeuse tydinghe van de

victorie der Stadt van *Liere*, welck ghebeurt is den xiiij. Octobris 1595.

Synde dese Copye den 15. der selve maend (daeghs naer het Ontset) goedt-gekeurt door Heer Hendrick van den Dunghen, Doctoor, ende Keurder der Boecken.

Ten selven tyde is noch uytgegeven:

DISCOURS ende warachtich Verhael van het inne nemen van de Stadt van *Liere* door den vyant, op den xiiij. dach van Octob. int jaer M.D.XCV. ende hoe de selve wederom is in genomen gheweest op den zelven dach.

Met de liste ende 't getal der Soldaeten ende Crychsvolck die dē vyant daer toe gebruyct heeft. Ende oock die naemen ende toenamen van de Capiteynen ende Beveels-lieden van den vyant, die int wederom inne nemen doot gebleven zyn. Tot Bruessel by Rutgeert Velpius, gesworen Librier by 't hof, in den gulden Arent.

Korts daer naer heeft Ioannes Bernaerts (Bernartius) *het selve uytgegeven in 't Latyn, ende aen de Weth van* Mechelen *toegeschreven by opdraght-brief van den 23. October 1595, draegende syn Boeckxken, 't welck 34 blad-zyden begrypt, desen Tytel:*

IOH. BERNART de Lirani Oppidi ab Hollandis occupati, per Mechlinianos & Antverpianos admirabili liberatione commentariolus, una cum brevi narratione de origine & progressu calamitatum Belgij. Lovanii, ex officina Ioannis Masij, Typog. iurati. Anno ꝋ IƆ.XCVI. cum Privilegio Regis. De Busschere.

VOOR-REDEN.

Welcke dry boven-gemelde Verhaelen, over eenighe jaeren respectivelyck op 7, 8, ende 7 bladzyden by den Drucker defer, ende het Latynsch Werkxken van Ioannes Bernartius *op 31 bladzyden by* Laurentius van der Elst, *synen vader, ontrent het jaer 1738 syn herdrukt geworden.*

Daer en boven heeft Henricus van Wachtendonck, Commune-Meester van Mechelen, *het selve seer naukeurig beschreven in een Fransch Gedicht, gevoeght in syne* Bellone Belgique, *waer van breeder in dit Boeckxken gesproken ende dat Gedicht daer geheel inne-gelast wordt, draeghende het selve dit opschrift:*

CHANT sur la Prinse & reprinse de la Ville de *Liere*, avenue le quatorzieme jour d'Octobre 1595.

Voorders hebben van dit Ontset gehandelt het meeste deel der Schryvers van de Nederlandsche Oorloghen.

Dit niet tegenstaende heeft men dese geschiedenisse van nieuw op-gemaeckt, besonderlyck om dat men aen de handt hadde verscheyde bewys-stucken dien aengaende, de welcke aen de voorige Schryvers hebben ontbroken, ende in dit voorhandig werck worden by gebracht, om aldus de besondere omstandigheden van dit Ontset meerder vast te stellen, ende den zegenprael door de Winnaers behaelt beter te vereeuwigen.

Men heeft voor-aen gehandelt over den staet der Oorloghs-saeken deser Landen ten dien tyde, om des te beter te laeten sien het insicht van den vyandt tot den aenslach ende veroveren der Stadt Lier, *ende voorts heeft men ter handt geno-*

men het schryven van Bernartius, van Wachtendonck, Bor, van Meteren, van Meerbeeck, de' dry boven gemelde Verhaelen &c., ende dese voor soo veel noodigh volgende, heeft men daer veel tusschen gebracht dat aen de voorgaende Schryvers was onbekent gebleven, ende ons door het doorbladeren van verscheyde oude Registers ter kennisse is gekomen.

Daer en boven syn alhier op het eynde gevoeght verscheyde Aenteekeningen ende Bewys-Stucken, soo tot bevestinge van het gene in dit voorhandigh werckxken wordt geseydt, als oock ten aensien van de Persoonen in het selve genoemt, de welcke om hunne goede diensten aen den Staet bewesen wel verdienen van de naerkomelingen gekent te worden, besonderlyck om dat sy tot dit Ontset vrywillighlyck ende met soo grooten iever hun leven voor den dienst van Godt, van den Koning, ende van hunne goede Naebueren hebben gewaeght, het welcke hun altydt tot eene eeuwigh-duerende glorie sal strecken; sullende dit voorhandigh werckxken ondertusschen dienen tot verlichtinge der Vaderlandsche Historie, ende wel namentlyck der ghene van Mechelen.

DE STADT LIER
verraft ende ontfet
DEN 14. OCTOBER 1595.

DE Stadt *Lier*, gelegen in Brabant op de faemen voeginge der twee Rivieren, de groote ende de klyne *Nethe*, ontrent dry uren van de Stadt *Antwerpen*, ende by naer foo veel uren van de Stadt *Mechelen*, was in het jaer 1582, beneffens meer andere Steden ende Plaetfen, foo in Braband als in Vlaenderen, gelyck oock de Stadt van *Mechelen*, onder het gebiedt van de Generaele Staeten, zynde aen het hoofd der felve *Francifcus van Valoys*, Hertog van Alençon, broeder van den Koning van Vranckryck, den welcken de gefeyde Staeten tot Hertogh van Brabant ende Befchermer der Nederlanden hadden gekofen, ende aen hem in die hoedaenigheydt op den 19. Februarii van het gefeydt jaer binnen *Antwerpen* plechtighlyck hulde ende trouwe hadden gedaen, waet in de andere Steden zyn gevolght, den Coning van Spagnien afswerende ende hem als Hertogh van Brabant ende Befchermer der Nederlanden eedt doende; doch onder dit gebied is de Stadt van *Lier* met haere inwoonders niet lang gebleven.

Guilielmus Prince van Oragnien, Grave van Naſſau, hadde tot Gouverneur en Schouteth der Stadt *Lier* aengeſtelt Jonk-heer *Adolf van den Heetvelde*, gebortigh van *Antwerpen*, den welcken onder ſyn beleyd hadde twee Vaendelen Soldaeten, die, beneffens een Vaendel Schotten onder den Capiteyn *Willem Simpel*, de Kryghs-beſetting van deſe Stadt waeren.

Deſen Capiteyn *Willem Simpel* hadde eenigen tydt onderhandelinge gehadt met *Claudius de Berlaimont*, Heere van *Haultepenne*, Gouverneur van *Breda* wegens den Coning van Spagnien, ende miſnoeght zynde over de Staeten ter oorſaeke van geene goede betaelinge, hadde hy voorgenomen de Stadt van *Lier* aen de Spagniaerden over te leveren; zynde dan den 1. Auguſti 1582 ter taefel by den gemelden Gouverneur *Adolf van den Heetvelde*, heeft hy verhaelt hoe dat eenen van ſyne Soldaeten van den Vyandt was gevangen, die ſy om geen geldt wilden los laeten, maer alleenelyck tegens eenen anderen uytwiſſelen, voorſtellende van met eenige van ſyne Soldaeten uyt te trecken om ſommige van den Vyandt te konnen betrappen, waer op den Gouverneur toeſtont dat hy ſoude uyt-trecken met 30 Schotten, hem daer noch by gevende ſeven van ſyne Soldaeten met den trommel-ſlaeger.

Den Capiteyn *Simpel* is hier op ten ſelven daeghe met het geſeydt Volck uytgetrocken langs de Lovenſche Poorte tot ontrent twee uren buyten de Stadt, daer hy hun heeft doen gaen in eene Kercke om wat te ruſten; hy heeft aldaer de Soldaeten van den Gouverneur door de ſyne doen gevangen nemen ende vaſtbinden twee aen malkanderen, ende is aldus van daer, de gevangen Soldaeten voor uyt-gaende, weg-getrocken, alſwanneer onder den wegh daer is by gekomen het Spaenſch Kryghs-Volck, getrocken uyt de omliggende plaetſen, ende aen-geleydt door den voorgenoemden *Claudius de Ber-*

laimont, die van defen aenflagh onderricht was, ende hebben figh te faemen naer de Stadt begeven; hier en tuffchen hadde den Lieutenant *Simpel*, broeder van den gefeyden Capiteyn, met den Vaendrick, Sergeant, ende de andere Schotten, boven de befettinge van twee *Corps de garde*, hun geftelt in het Wacht-huys op de Cluyfe-plyn, achter het huys alfdan bewoont by den Gouverneur.

Des anderdaghs den 2. Augufti zyn 'fmorgens ontrent dry ueren den Capityn *Simpel* met de fyne ende de gevangene, ende *Claudius de Barlaimont* met de Spagniaerden gekomen voor de Stadts poorte om in gelaeten te worden, waer op den Lieutenant *Simpel* gegaen is naer het Stadhuys, alwaer de Borgers de wacht hadden, ten eynde fy de Poorten fouden openen ende fynen Broeder inlaeten; *Cornelius Krieckaert*, Capiteyn van de wacht en Schepene van de Stadt, geen quaedt vermoeden van de Schotten hebbende, is met eenige Borgers van de wacht, beneffens den Poortier, gegaen naer de poorte, ende geopent hebbende de laefte Winkette, terwylen dat de andere gefloten bleven, foo quamp den Capiteyn *Simpel* op het Bolwerck, doorftack den Poortier, ende quetfte den Capityn *Krieckaert*; daer was ondertuffchen eenen van des Gouverneurs gevangene Soldaeten los geraeckt, *Antonius Craey* genoemt, die langs buyten de Borgers toe-riep, ende aen Frans-mans thoren door de Vefte fwom, het welcke den Lieutenant ende de andere Schotten die binnen waeren gewaer-wordende, naemen de Borgers de andere de fleutels af, openden de Poorten, ende lieten het Volck binnen komen; ontrent de hoogh-brugge is hun ontmoet eenen borger *Adriaen van Buijten*, die vraeghde wat'er fchuylde, maer wirdt door *Simpel* gequetft. Het Volck van *Berlaimont* liet hun aenftonts hooren door het fteken der trompetten, waer op de Borgers te been geraeckten, maer wierden belet eenigen wederstandt te doen; den Gouverneur van de Stadt, synde alleenelyck in syn hemde, is met syn Volck ende eenige Borgers gevlucht, ende heeft selfs die tydinge naer *Antwerpen* gedraegen, waer op die van *Antwerpen* uyt vreese trocken naer d'Abdye van S. Bernaerds op de Schelde, die sy ten gronde leyden, ende werfden aenstonts eenige benden Peerde-Volck in hunne Stadt. Daer wirden in desen inval veel van de inwoonders gedoodt, waer onder gestelt wort den *Henricus van Dornbove*, Secretaris van de Magistraet van *Lier*, ende de Overste van het Gasthuys; voorders wirden de Borgers seer geplundert: daer wirdt onder andere gevangen den Capiteyn Don *Alonso Lopez*, eenen Spagniaert, die langen tydt onder de Staeten gedient hadde; desen wirdt met een been opgehangen tot dat hy stierf, daer naer wirdt syn Lichaem gevierendeelt, ende de deelen gehangen buyten de Stadt aen eene galge; maer eenigen tydt daer naer wirden dese deelen door de Ruyters van *Antwerpen* weg-genomen ende begraeven. Over dit innemen van *Lier* zyn gemaeckt geweest dese volgende Jaer-schriften:

HY WAS GEEN SIMPEL SCOT, DAN EEN
SCHALCKE BOEVE,
DIE LIER VERRIET TOT DES CONINGS BEHOEVE.
Ander:
CAPITEIN SEMPEL D'EERSTE SCOTS
VERRAEDER IN NEERLANT.
OVERVALT LISTICH DEUR VERRAET
DE STADT LIER IN BRABANT.

Door dit geval quamp de Stadt *Lier* wederom onder haeren natuerelycken Prince den Koning van Spagnien; de Collegiaele Kercke van den *H. Gummarus* wirdt verfoent, ende den 12. der felve maendt wirdt den Godts-dienft aldaer gedaen.

Tot de beftieringe der felve Stadt, foo over de faecken van Policie als van Jufticie, wirden geftelt twee Commiffariffen, te weten: *Jan van Malcote*, ende *Philippus Vuefels*, Raeds-Heeren in den Raede van Brabant, die eenige Borgers tot hunne medehulpe hebben genomen, ende zyn in die beftieringe gebleven tot den 31. Januarii 1583. alfwanneer de Magiftraet wederom wirdt herftelt.

De Stadt *Lier* aen de Generaele Staeten op de voorgemelde weyfe ontnomen zynde, hebben fy de felve Stadt in het jaer 1595, wederom ingenomen, doch fy wirdt wedrom ten felven daghe, door de hulpe van de goede nae-bueren, met veel zegenprael ontfet, tot het welck wy hier fullen voortsgaen.

Alexander Farnefius, Hertogh van Parma ende van Placentie, die in het jaer 1578 in het Gouvernement der Nederlanden naer de doodt van Don *Joban* van Ooftenryck was opgevolght, hadde ten tyde van fyn Gouvernement door fyne dapperheydt bynaer geheel Brabant ende Vlaenderen weder gebracht onder den Koning van Spagnien, het welck hy ongetwyfelt volvoert foude hebben, hadde hy langer in het leven gebleven, maer hy wirdt in het jaer 1592 overvallen met eene waterfuchtige teiringe, ende den Koningh van Spagnien, van defe fieckte onderricht zynde, heeft naer Nederland afgefonden Don *Pedro Henriquez de Gufman*, Grave van *Fuentes*, zynde van het maegfchap van den Hertogh van *Alba*, ende dit met foodaenige brieven ende bevelen van den Koning, als hy daer naer aen den Raed van Staeten der Spaenfche Catholycke Nederlanden heeft gethoont; hier en tuffchen de fieckte van den Hertogh van *Parma* meer ende meer toenemende, is hy eyndelinge op den 3. December 1592 binnen *Atrecht* overleden; fyn lichaem is overgevoert naer de Stadt van *Parma*; ende tot *Roomen* wirdt op den 3. April daer naef fyne uytvaert plechtighlyck gehouden, ende tot fynder eere wirdt op het *Capitolium* een marbere Stand-Beeldt opgerecht, met dit opfchrift volgens *Swertius in Chrift. Orb. Delic.*

Quod Alexander Farnefius, Parmæ & Placentiæ Dux III., magno in Imperio res pro Repub. Chriftiana præ-clare gefferit, mortemque obierit, Romanique nominis gloriam auxerit, S. P. Q. R. honoris ergo maiorum morem, feculis multis intermiffum, revocandum cenfuit, ftatuamque Civi optimo in Capitolio eius virtutis, fuæque in illum voluntatis teftimonium, ex S. C. Pof. Clementis VIII. Pontif. Max. anno II., Gabriële Cofaino. Pr. V. C., Jacobo Rubeo, Papyrio Albero Coff., Celfo Celfo, Cap. Reg. Pr.

Den Grave van *Fuentes* is binnen *Bruffel* aengekomen den 4. December, daeghs naer het overleyden van den Hertogh van *Parma*, den welcken, naer de Lyck dienften over den gefeyden Hertogh bygewoont te hebben, den Raedt van Staeten dede vergaederen, ende aldaer voorhield de Brieven van den Koning, by de welcke, ingevalle den Hertogh van *Parma* quame te overleyden, benoemt ende geftelt was *Petrus - Erneftus* Grave van *Mansveldt* tot Opper-bevelhebber ende Landt-vooght van de Nederlanden, tot dat den Koning eenen Prince van den Bloede foude aengeftelt hebben; aldus heeft den Grave van *Mansveldt*, nu oudt zynde 80 jaeren, defe Landen beftiert met raed van den gefeyden Grave van *Fuentes* ende van *Stephanus de Ybarra*, beyde Spagniaerts; hy hadde te vooren in de afwefenthydt van den Hertogh van *Parma*, ende by bevel van den Koning, dese Nederlanden als Stadthouder ende Capiteyn Generael noch beftiert.

Hier en tuffchen hadde den Koning van Spagnien tot Beftierder der Nederlanden aengeftelt den Arts-Hertogh *Erneftus*, oudtften broeder van den Keyfer *Rudolphus*, den welcken den 17. Januarii 1594 tot *Luxembourg* is aengekomen, daer hy door den Grave van *Mansveldt* wirdt ontfangen; tot *Namen* wachte hem den Grave van *Berlaimont*, ende ontrent *Nyvel* ontmoete hem den Grave van *Fuèntes*, die hem naer *Halle* geleyde, alwaer den Prince van *Chimay* hem alle eere heeft bewefen; eyndelinge is den Arts-Hertogh, vergefelfchapt van de gemelde Heeren, als oock van den Keur-Vorft van *Keulen*, den Marck-Graef van *Baden*, ende meer andere Edel-lieden, op den 30. Januarii binnen *Bruffel* aengekomen, daer hy met groote eere wirdt ingehaeldt, ende waer toe verfcheyde Zegen-boogen ende andere verçieringen ende vreugdeteekens waeren opgerecht.

Den 3. Februarii daer naer vergaederden de Staeten van het Landt binnen *Bruffel*, alfwanneer den Arts-Hertogh voor Gouverneur Generael der Nederlanden wirdt aengenomen ende herkent.

Defen Arts-Hertogh betrachtende een eynde te fien van foo fwaere Inlandtfche Oorlogen, die nu foo veele jaeren hadden geduert tot verdriet, laft, ende verderffeniffe der felve Landen, ende verftaen hebbende dat *Otto Hartius*, ende *Jeronimus Coomans*, Rechts geleerde van *Bruffel*, hun moeften begeven naer *s'Graven-Hage* in Hollandt, om aldaer over befondere faken te handelen met de Gravinne van *Meghem* ende de Princeffe van *Chimay*, heeft hy de felve gegeven Brieven van Credentie, gedaghteeckent binnen *Bruffel* den 6. Mey 1594, ingevolge van welcke de voorgenoemde Rechts-geleerde den 16. Mey daer naer in *s'Graven-Hage* ter vergaederinge der Heeren Staeten hebben gedaen hunne propofitien om te konnen geraeken tot eenen vrede ende onderlinge vrindfchap ende vereeninge defer Landen gelyck die voor den aenvang der Inlandtfche troubelen waeren geweeft; hier op fyn de Staten wederom vergadert den 26. daer naer, ende hebben op den voorfchreven Brief van Credentie van den 6. Mey, die hun op den 12. door *Otto Hartius* was behandight, ende op de Propofitien die de gefeyde Rechts-geleerde den 16. hadden gedaen ende in gefchrifte overgegeven, verleent eene wydtloopige antwoorde, uyt de welcke klaerelyck te befpeuren was dat de Staeten wynig, jae geenfints, gefint waeren tot eenige reconciliatie met de Croone van Spagnien.

Den Coningh van Vranckryck fiende het Spaenfch Leger op fyne frontieren, fchreef uyt *Amiens* den 17. December 1594 aen de Steden van *Artois* en *Henegauw*, dat hy om hun hadde uytgeftelt de vercondinge des Oorloghs tegen den Coningh van Spagnien, dat hy de felve noch foude ophouden by foo verre het Spaenfch Leger uyt bevel van den Coning aftrock voor den eerften van de maendt Januarius naervolgende; welcke Brieven die van *Valencyn* fonden naer het Gouvernement, dogh fonder antwoorde daer op te bekomen.

Den Arts-Hertogh *Erneftus* dede de Staeten vergaederen, waer op de Geeftelycke ende Edele, dogh niet de Steden, op den eerften Januarius 1595 by den Arts-Hertog zyn te voorfchyn gekomen, den welken hun voorftelde dat den Coningh van Spagnien hem hadde gefchreven het Landt te willen in vrede vereenigen, dat hy gedacht hadde te vinden de middelen tot dat eynde te komen, ende dat des anderdaeghs daer over foude gehandelt worden, waer op den volgenden dagh de Staeten wederom vergaederden alswanneer den Hertogh van Arschot een bondigh verthoon heeft gedaen over den algemynen noodt van de Landen, ende de Staeten verthoonden oock dat den vrede meer dan redelyck ende noodtsaekelyck was, soo dat den Arts Hertogh, siende dat de Staeten soo aendrongen tot den vrede, beloofde hunne adviesen naer Spagnien over te senden.

Den Coningh van Vranckryck wegens de Steden van *Artois* en *Henegauw* geene antwoorde ontfangende heeft den 17. Januarii 1595 binnen *Parys* den Oorlogh verklaert tegens den Coningh van Spagnien.

Den Arts-Hertogh wirdt ondertusschen overvallen met sieckte waer van hy tot *Brussel* des nachts tusschen den 21. ende 22. Februarius 1595 is overleden, ende wirdt aldaer begraven in de Choor der Collegiale Kercke van de HH. *Michaël* ende *Gudila*, daer syne Tombe ende Grafschrift noch wordt gesien. Hy hadde by synen uyttersten wille begeert dat den Grave van *Fuentes* Gouverneur ende Kryghs-Oversten soude wesen ende de Landen bestieren met Raed van de Staeten, tot dat den Coningh anders soude ordonneren, die corts daer naer den selven Grave in de bestieringe bevestighde tot de komste van den Cardinael *Albertus*, Arts Hertogh van Oostenryck, broeder van *Ernestus*, die door den Coningh tot het Gouvernement van de Nederlanden was geschickt.

Ondertusschen de Stadt *Hoey* met het Casteel gelegen aen de Maese, door *Carolus de Heraugiere* eenen Edelman van *Cameryck*, Gouverneur van *Breda*, den 8. Februarius ingenomen zynde, heeft den Heere van *La Motte* met het Spaengs Kryghs-Volck de geseyde Stadt met het Casteel belegert ende den 13. Meert de Stadt overweldight ende den 20. daer naer is het Casteel aen hem overgegaen.

Den 7. Meert 1595 wirdt binnen *Bruffel* verklaert den Oorlogh tegens den Koning van Vranckryck ende wirdt alomme afgecondight; hier op volghde dat de Franschen op de frontieren veel vyandtschappen bedreven, af-loopende de Landen van *Artois* ende van *Henegauw*, het selve geschiede door de Spagniaerden loopende in Vranckryck.

Ondertusschen is 'er geschreven geworden om van wederzeyds eene by een-komste te houden tot vredehandelinge, waer op den Heer *Theodorus Liesvelt*, te voren Cancellier van Brabant, den Raedsheer *Maes*, den Rechtsgeleerden *Otto Hartius*, beneffens den Secretaris van den Hertogh van *Archot* zyn vertrocken naer Zeelandt, alwaer sy tot *Middelbourg* den 13. April hebben gehandelt met den Prince *Mauritius* Grave van *Nassauw*, de Heeren *Valck*, Thresorier, *Vosbergen*, *Roels*, ende andere, ende zyn den 17. daer naer gescheyden, sonder eenigen voortganck tot vrede; want de Staeten der geunieerde Landen verclaerden geene Vredehandelinge met den Coningh van Spagnien te willen aengaen, dan wel met de Staeten van Brabant, Vlaenderen ende Henegauw, waer mede de Oorlogen van beyde zyde wirden vervolght.

Den Grave van *Fuentes* last hebbende van den Coningh van Spagnien, heeft alles aengewendt om de Stadt van *Cameryck* onder syne macht te brengen, ende alsoo te versekeren *la Ferte*, *Han* ende andere paetsen, waer toe hy alreede in *Han* sterck Guarnisoen hadde geleydt; hy heeft *Chastelet* dapper doen beschieten met Canon ende den 25. Junius wirdt het Casteel op sekere conditien overgegeven. *Fuentes* is met syn Leger voorts getrocken naer *Dorlans*, gelegen op het Rivierken *Anthy*.

Ten tyde van het Beleg van *Dorlans* heeft den Admirael *Villars*, Gouverneur van *Roanen*, sig daer ontrent begeven, ende den Grave van *Fuentes* campeerde met fyn gefchut daer over, een myle van daer, ontrent eenen bergh; *Villars*, in myninge van eenigh Volck ende amunitie in de Stadt te brengen, heeft de Spaenfche tweemael te rugge gedreven, dogh wirdt hier mede alleenskens gelockt onder het Canon van *Fuentes*, het welck op hun afgaende, ende treffende het voorfte Peerde-Volck, fyn de andere gevlucht, waer door het Voet-Volck, ontrent 400 a 500 fterck, bykans alle is gebleven. *Villars*, wirdt gevangen, ende gedoodt als eenen trouweloofen, die de Franfche bondt-genoten hadde verlaeten, ende figh begeven hadde, in den dienft van den Coningh, het verlies van de Franfche was feer groot, foo om de gedooden als gevangen Edel-lieden.

Fuentes heeft alfdan *Dorlans* ende het Cafteelken feer befchoten, ondermeynt ende beyde ftormerder handt op den 31. Julii ingenomen, daer fynder over de 1500 gedoodt, daer onder waeren meer dan 200 Edel-lieden ende Kryghs Overften oock fynder veel Kryghs-gevangenen gemaeckt.

Den 8. Augufti trock den Grave van *Fuentes* voor de Stadt van *Cameryck* die hy feer nauw belegerde, liggende met den Marchal van *Rhofne* aen d'eene zeyde van het Cafteel, ende den Prince van *Chimay* aen de andere zeyde, alle feer hoogh befchanft ende met fware Batteryen; in dit Belegh hebben de omliggende Steden ende plaetfen alle feer neerftigh geholpen, in hope van hier door tot een eynde te geraeken van de roovinge, ende brandtfchattinge die fy geleden hadden ten tyde van 14 jaeren door den Heere *van Balagni*, Gouverneur van *Cameryck*, aengeftelt door den Hertogh van *Alençon*.

Den 2. October is de Stadt van *Cameryck* door *Barlot van Letbryck* ingenomen; ende ten waere dat *Ludovicus van Barlaymont*, Arts-Biffchop van Ca-

meryck, te voren door *Balagni* uytgejaeght, ten tyde van het Beleg eenen voorſpreker hadde geweeſt voor ſyne Stadt ende Borgers, ende het gemoedt hadde gewonnen van den Grave van *Fuentes*, de geheele Stadt hadde tot roof ende buydt geweeſt.

In het innemen van de Stadt waeren op het Caſteel gevlucht *Balagni*, den Hertogh van *Retel*, ende verſchyde Kryghs-Overſte, met 400 Ruyters ende 700 Voet-gangers; de welcke den 9. October het Caſteel hebben overgelevert, ende daer uyt ſyn getrocken.

Ten ſelven daghe is *Fuentes* in de Stadt getrocken vergeſelſchapt van den Hertogh van *Aumale*, den Prince van *Chimay*, den Marquis van *Varrabon*, den Marſchal van *Rhoſne*, *Carolus*, Grave van *Egmondt*, den Grave van *Arenbergh*, *Ligne*, *Boſſu*, ende meer andere, ende den Arts-Biſſchop wirdt wederom in beſittinge geſtelt.

Terwylent dat den Grave van *Fuentes* met ſyn Leger voor *Cameryck* lagh, ende dat *Chriſtophorus de Montdragon*, Gouverneur van het Caſteel van *Antwerpen*, tegens den Prince *Mauricius*, Grave van Naſſauw, in Vrieslandt te Velde was, ſoo hebben de Staeten der geunieerde Landen beſloten eenen inval te doen in Brabandt, hun voordacht ſtellende op de Stadt van *Lier*, als bequaem om het omliggende Landt in Contributie te ſtellen, den Koophandel van *Mechelen* op *Antwerpen*, ofte op *Bruſſel* te beletten, de vrye Vaert langs de Rivieren de *Dyle*, de *Zenne* ende de *Nethe* af te ſnyden ende ſoo voorts; hier toe hadden ſy de geſeyde Stadt doen beſpieden door ſekeren *Martinus de Meulder* ende eenen genaemt *Wageman*, die binnen *Lier* langen tydt gewoont hadden, ſy hadden daerenboven uytgeſonden eenig Volck gekleed in Lazarus kleederen om te beſpieden den ſtaet van de felve Stadt, haere Poorten, Veftingen, Waters, het getal van de Kryghs-befettinge daer binnen liggende, het getal van de Mannen daer de Wacht daegelyckx in beftont; waer uyt fy gekent hebben dat binnen *Lier* twee Vaendelen Soldaten waeren, te weten: een Vaendel Spagniaerden waer van Capiteyn was Don *Alonfo de Luna y Carcamo*, Gouverneur der felve Stadt, ende de Compagnie Waelen van Don *Johan Chacon*, eenen Spagniaert.

De Staeten van alles onderricht zynde, hebben tot het voltrecken van hunnen voorgenomen, aenfagh geboden dry hondert Mannen te Voet uyt het Guarnifoen van *Breda*, uyt de Guarnifoenen van *Heufden*, van *Geetruydenbergh* ende van de *Willem-Stadt*, uyt ieder der felve hondert Mannen, tachentigh Mannen Peerde-Volck van *Charles de Heraugiere*, Gouverneur van *Breda*, ende noch ontrent veertigh Mannen, Peerde-Volck, uyt *Berghen op Zoom*.

Dit gemeldt Kryghs-Volck is vergaedert in het Dorp van *St. Jobs in 't Goor*, ende is op den 14. October 1595, wefende eenen Saterdagh, onder het beleyd van den gefeyden Capiteyn *Herauguiere*, Gouverneur van *Breda*, 's morgens ten vyf uren, noch feer duyfter zynde, gekomen voor de Stadt *Lier* aen de Mechelfche Poorte, ende wel wetende dat aen defe Poorte een Ravelyn ofte halve Mane was, die niet volmaeckt ofte met Pallifaeden bedeckt was, hebben dertigh van hun het felve met leeders beclommen, ende zyn in ftilte door het water van de Veften gegaen, het welck gemaeckelyck om doen was, want het Water nauwelyckx tot boven de knien diep was; defe zyn aldus op de Veften gecomen ende hebben fekeren *Coenrard Peer*, aldaer op fchilwacht zynde, doorfteken die fy hebben laeten liggen, ende zyn geloopen naer de wacht van de Poorte daer

fy eenige hebben gequetft ende fekeren *Hans Ke-*
telaer gedoodt.

Den gequetften *Coenrard Peer* heeft fig van de
Veften laeten vallen, ende is van daer al bloodende
geloopen naer de merckt ende heeft de
Borghers ende Soldaeten, die op het Stadthuys
de wachte hadden, defen inval te kennen gegeven,
ende is van daer langs de rechte ftraete naer fyn
huys gegaen, maeckende alomme getier ende kloppende
op de deuren van de Borghers.

De wacht hier van verwittight zynde hebben aenftonts
opgeweckt Don *Alonfo de Luna*, hunnen Gouverneur,
ende hebben hun alle in de Wapenen geftelt.

Hier en tuffchen hadden die van den Vyandt die
nu binnen waeren met een yfere Werck-tuygh de
Sloten ende Grendelen van de Poorte gebroken
ende de felve aldus geopent.

Den Vyandt met groot getier binnen komende
hebben de Borgers met eenige Soldaeten kloeckelyck
geftreden ende den Vyandt ingegaen dat het
Peerde-Volck onder het Voet-Volck geraeckte; *Alonfo de Luna* dede, foo veel het mogelyck was, toemaecken
eene ftraete die op de merckt komt, de
felve bolwerckende met tonnen, balcken, deuren,
bedden, plancken, ende al dat'er met de haefte te
bekomen was, ende den Vyandt het geweldt hernemende
heeft die ftraete ingenomen ende andere
doorloopen om de Borghers van achter op het lyf
te komen, het welck *Alonfo de Luna* bemerckende
is met de fyne geweken naer de merckt, daer
hy figh met een deel Borghers ende Soldaeten
langen tydt vromelyck heeft verweert, ende is alleenskens
geweken naer de Lifper-Poorte, in aendacht
van die Poorte te behouden, tot de komfte
van eenig ontfet, daerom hy alreede naer *Antwerpen* ende *Mechelen* Boden hadde gefonden : daer

zyn als dan doodt gebleven wegens die van *Lier* vyf Borghers, vyf Spagniaerden ende vier Waelen, ende van den Vyandt zyn aldaer gebleven, den Hopman *Boetselaer*, wiens Compagnie daer naer kreeg *Hugo Muys* van *Holi*, den Lieutenant van *Gyselaer*, van *Pieter van Dorp*, *Grenu* ende van *Aert van Briem*, ende den Lieutenant van *Jacob* van *Byndtgeest* was seer gequetst.

Den Gouverneur *de Luna* begaf hem dan door raed van de Borghers met ontrent 25 ofte 30 Mannen op de Lisper-Poorte, de welcke hy, soo veel mogelyck was, beschanste ende dede aenbrengen het geschut, daer ontrent wesende, ende op de Poorte planten: hy hadde te voren aen *Diego Mattheo* synen Sergeant belast twee vaetjens met bus-poeder op de Lisper-Poorte te doen brengen met een falckonet ende een deel kogels; de Borghers met de Soldaeten die noch vochten op de Merckt, siende dat sy verminderden, ende dat den Vyandt de Stadt doorliep ende brandt stichten in de Antwerpsche straete ende op de Merckt naest het Groenhuys, hebben uyt noodt de Merckt verlaeten, ende sigh op de vlucht begeven.

Don *Alonso de Luna* de Lisper-poorte in besit hebbende, dede aenstonts in brandt steken eenige huysen daer ontrent staende, om dat den Vyandt sigh daer achter niet soude verstorckt hebben, ende stelde op het hooghste van de Poorte den standaert van den Coningh, om te dienen tot een teecken voor het aenkomende ende verwacht ontset dat die Poorte niet en was in de macht van den Vyandt.

Den Capiteyn *Herauguiere* verstaende dat den Gouverneur met eenige op de Lisper-Poorte was, is derwaerts opgetrocken tot voor de binne-poorte, maer den Gouverneur heeft hem soo dapper beschoten dat hy genoodtsaeckt was van daer weg te trecken; hier op heeft *Herauguiere* gefonden eenen trompetter tot den Gouverneur ende aen hem doen afvraegen ofte hy de Poorte wilde overleveren, dat hy hun alle foude hebben laeten uyttrecken met Vaendel ende Wapenen daer fy begeerden; maer den Gouverneur gaf voor antwoorde dat hy de plaetfe, die hy in befit hadde, foo lange hy leefde niet wilde overleveren.

Heraugiere is dan gegaen naer het Clooster der Cathuyfers, ende verachtende de plaetfe bequaem om de Lifper poorte te befchieten, mede de kloeckmoedigheydt van den Gouverneur *de Luna*, ende wefende fonder achterdencken ende vreefe van eenig ontfet, zyn fy alle, foo wel de Capitynen, Officieren als de Soldaeten gevallen aen het plunderen van Kercken, Kloofters, ende Huyfen, ende aen het luftigh eten ende drincken; *Heraugiere* fyn Volck aldus verftroydt fiende, dede de Poorten fluyten ende de fleutels wegnemen, het welck daer naer tot hun grooter verlies heeft gedient, want fy hier door figh felven hadden binnen gefloten.

In defe plunderinge heeft den Vyandt in de Collegiale Kercke van den *H. Gummarus*, Patroon van *Lier*, de Reliquie-kaffe van den felven Heyligen, die in het hooghfte van den Autaer verborgen ftont, van boven nedergefmeten ende de felve Reliquien met Goddelooosheydt verworpen, de welcke met haefte zyn opgeraept ende vergaedert geworpen door *Elifabeth Verduffen*, Gafthuys-Nonne, die de felve heeft gedraegen ten huyfe van den Heere *Michaël Borchouts*, Paftor van *Lier*.

Den Bode wegens *Alonfo de Luna* gefonden, is binnen *Mechelen* ontrent acht uren aengekomen te kennen gevende het innemen der Stadt *Lier*, waer op aenftonts de Klocke wirdt getrocken ende de trommel geflaegen, ende de Borghers vergaerden feffens voor het Stadthuys, de welcke vermaent zynde over den inval van *Lier*, wilden alle, door affectie voor den welftand der Religie, voor den Coningh, ende voor het Vaderlandt, uytgeleydt worden op den Vyandt, jae niemant foude in de Stadt gebleven hebben tot bewaereniffe der felve, ten waere door het Magiftraet, aldaer oock vergaedert zynde, daer in order hadde geftelt geweeft,

De Stadt van *Mechelen* hadde alfdan hondert mannen in haeren dienft ende betaelinge, getrocken uyt de gemyne Lieden van de Stadt ende van de omliggende plaetfen, de welcke de Forten ende Schanffen rondomme de Stadt bewaerden, als te weten: het Block-huys, de Hair-fchanfe, den Nieuwen-dyck, ende de Pas-brugge; van defe Compagnie was Capiteyn den Heere *Gerardus de Hornes*, Baron van *Baffigni*, Gouverneur van *Mechelen*, ende Lieutenant *Gillis Rombouts*.

Het Magiftraet fondt aenftonts *Antonius van den Houte* naer den Neiuwen dyck ende Hair-fchanfe om het Volck, aldaer liggende, te vermaenen van hun bereydt te maeken om te vertrecken naer *Lier*.

Joannes Daems, Provoft, wirdt naer *Bruffel* gefonden met Brieven aen het Gouvernement om kenniffe te geven van het innemen van *Lier*, ende *Oriaen Gilbert* wirdt gefonden met Brieven aen den gefeyden Baron *de Baffigni*, die als dan tot *Bruffel* was.

Hier en tuffchen wirden de Gilde-broeders ende de andere Borgers geftelt onder het Beleyd van hunne Hoofd-mannen in defer voegen:

Nicolaus van der Laen, Heere van *Fagelfteyn*, Threforier van *Mechelen*, Hoofd-man van den ouden Cruys-boogh-Gilde, mede fynen broeder *Joannes van der Laen*, Heere van *Schrieck* ende *Grootloo*, Communemeefter der felve Stadt, Hoofd-man van

C

den Handt-boogh Gilde, wirden met hunne Gildebroeders ende andere Borgers, als oock de gemelde Compagnie Soldaeten onder het bevel van *Gillis Rombouts* hunnen Lieutenant, daer by de Trommelflagers der vyf Gilden, geftelt om te vertrecken naer *Lier*.

Carolus van Boevekercke, Voor-Schepenen der felve Stadt, Hoofdman van de Coloveniers Gilde, is met fyne Gilde-broeders getrocken naer de Hairfchanfe, daer fy twee daeghen fyn verbleven.

Lancellottus van Gottignies, Gefwoornen van de Poorterye der felve Stadt, Hoofdman van de Schermers Gilde, is met fyne Gildebroeders gegaen naer het Blockhuys, daer fy oock twee daegen zyn verbleven.

Jacobus van Cranendonck, Schepenen van *Mechelen*, is met de Archiers geftelt op de Pas-brugge.

Joannes van Wachtendonck, Schepenen der felve Stadt, Hoofdman van den jongen Cruysboogh Gilde is met fyne Gildebroeders gegaen naer het Schans op den Nieuwen-dyck.

De toeficht van de Stadt is gebleven aen *Joannes van Laethem*, Schouteth van *Mechelen*, *Henricus van Wachtendonck*, Communemeefter, *Philippus Schoofs*, Threforier, ende *Martinus Roelants* Schepenen der felve Stadt.

De Gildebroeders, met de andere Borgers ende de gemelde Compagnie Soldaeten, in het geheel meer dan negen hondert Mannen, ftaende nu bereydt om uyt te trecken, quamen binnen *Mechelen* geloopen eenige Borgers ende Soldaeten, die gevlucht waeren uyt *Lier*, feggende dat de gefeyde Stadt geheel was in de macht van den Vyandt, ende dat alle hulpe te vergeefs foude geweeft hebben; dit niet tegenftaende is het Volck onder het beleydt van hunne geleyde Leydtsmannen kloeckelyck de Stadt uyt-getrocken, waer by hun oock gevoeght hebben den

Hopman *Sebastianus Kuyser*, ende Jonckheer *Henricus Walroy*, te peerde opvolgende, ende zyn sonder rusten voortsgegaen tot aen de *Anderstadt*, hebbende tot alsdan noch geene sekerheydt oft'er noch eene poorte van de Stadt vry was ofte niet.

Sy gekomen zynde tot aen de *Anderstadt*, wirdt aldaer besloten van de Riviere de *Nethe* over te setten, ende alleenelyck mede te nemen de vrywillige Borgers, die uyt waere genegentheydt hunne Nae-bueren wilden bystaen; sy vonden aldaer twee schuyten, die men *Beeren* noemt, met de welcke sy zyn overgeset, laetende eene wacht op de *Anderstadt*; naerderende naer *Lier*, hoorden sy schieten in de Stadt, want den Gouverneur, met ondertusschen te schieten, den Vyandt van de Poorte was afhoudende, waer uyt die van *Mechelen* bemerckten dat de Stadt noch niet teenemael aen den Vyandt en was, ende meer ende meer naerderende hebben sy het Vaendel des Conings op de Lisper-Poorte gesien, waer door sy seer verkloeckt wirden hopende die Poorte noch open te vinden.

Hier en tusschen hebben de Heeren van den Raede van Staet tot *Brussel* in alle haeste geschreven aen het Magistraet van *Mechelen*, bedanckende dat sy hun soo seffens van het innemen van *Lier* kennisse hadden gedaen, ende seffens orders hadden gegeven om secours daer naer toe te senden, hopende dat dit secours daer noch in tydts souden komen, gelyck sy oock hoopten dat gedaen was door die van *Antwerpen*, ende dat die van *Mechelen* souden voorts-gaen met het gene sy begonst hadden, dat sy op de Dorpen den *alarme* soude doen slaen, ende binnen de Stadt teeckens met het Canon geven, om den Vyandt te verschricken, hun oock gebiedende dat sy van ure tot ure kennisse souden geven van het gene sy souden verstaen.

Den Gouverneur *Alonso de Luna* hadde naer *Antwerpen* gesonden *Franciscus Angeli* eenen Italiaen, Inwoonder van *Lier*, den welcken aldaer het innemen der Stadt *Lier* te kennen gaf, op welcke onverwachte tydinge de trommels wirden geslagen ende de Borgers op de been geraeckten.

Gaspar de Montdragon, Lieutenant van den Colonel *Christophorus de Montdragon*, Gouverneur van *Antwerpen*, heeft aenstonts besloten self in persoon het ontset te doen met 250 Spagniaerden uyt syn Guarnisoen, ende de medehulpe van de Borgers, waer op het Magistraet, seffens vergaedert zynde, heeft ontboden de Capitynen der Borgerlycke wachten, de welcke met hun Volck, alle in de wapenen syn gekomen, ende den iever was soo groot, dat sy sonder eenig bevel ende met groot getal naer de poorte liepen om naer *Lier* te vertrecken, soodaenigh dat den Borgemeester de poorte dede sluyten, tot dat alle de mannen in order souden gestelt geweest hebben.

Daer wirden tot Leytsmannen van de Borgers gestelt *Antonius van Berchem*, *Jacobus Dassa*, *Gillis de Mera*, ende *Melchior van den Cruyce*, Schepenen van *Antwerpen*, noch trocken daer mede, *Jan Van Praet*, *Melchior*, *Christoffel*, *Emmanuel*, *Melchior*, *Jan*, ende andere, alle belast zynde van de Magistraet dat sy aen *Montdragon* souden gehoorsaemen; daer by voeghden hun oock Capiteyn *Kestelt*, Capiteyn *van Dueren*, *Dambrugge* &c. met 80. ofte 90. van syne Soldaeten, daerenboven de Capiteynen *Castro*, *Det*, *Violar*, *Haller* ende andere, wesende in dienst van den Coningh ende alsdan binnen *Antwerpen*, de welcke hun daer by voeghden om het Volck couragie ende moet te geven, ende beter te beleyden.

Het Volck van *Antwerpen*, ten getalle van ontrent twee duysent Borgers ende twee hondert Soldaeten, oft gelyck andere feggen in het geheel twee duyfent vyf hondert mannen, in order geftelt zynde, zyn kloeckelyck naer *Lier* vertrocken, Joncker *Jooft Robyns*, Droffaerd van *Burgerhout*, Capiteyn van de Borgerye hadde by bevel van *Gafpar de Montdragon* de avant-garde van het Volck, foo in het uyttrecken als in het aentaften ende bevechten van den Vyandt, ende aldus met het Volck voortsgaende, liet hy geduerigh weten aen den Gouverneur van *Lier* hoe verre hy was genaedert.

Ondertuffchen fonden die van *Mechelen* Boden uyt om te vernemen naer den uytval, ende ofte het Volck was in de Stadt *Lier* geraeckt.

Ontrent een ure naer middagh hebben die van *Mechelen* ende van *Antwerpen* malkanderen voor de *Lifper-Poorte* ontmoet, ende wirden met vreught van *Alonfo de Luna* ontfangen, ende t'faemen gevoeght zynde, trocken fy in de Stadt, gedeylt in dry Linien, van de welcke de eerfte trock recht naer de Merckt, de tweede linie trock langhs de rechte zeyde van de Vefte, ende de derde langs de flincke zeyde.

Den Vyandt, noch befich met buydt te maecken, was hier op in fchrick ende verbaeftheydt, fiende buyten verwachtinge foo groot getal van gewapende mannen tot het ontfet, ende geraeckte in foodaenigh wan-order, dat fy in plaetfe van wederftant alle de vlucht naemen, jae wynige, nauwelyckx negen ofte thien hebben figh in tegenweer geftelt, daer twee van de Borgers van *Mechelen* zyn gequetft geworden; fy vluchten alle naer de Lovenfche Poorte, maer alfoo die gefloten was konden fy daer niet uytgeraeken, fy liepen van daer naer den Mol, meynende daer eene Poorte te wefen, maer wirden van die van *Mechelen* ende van *Antwerpen* met foodanigen iver ende macht vervolght ende verflagen, dat'er veel van de Ruyters met hun Peerden in de Riviere sprongen daer sy verdroncken, andere sprongen van de Veste daer oock veel verdroneken, jae die swemmen konden wirden door de verdronckene belet, eenige zyn door het winket der Lovensche Poorte uytgeraeckt, onder de welcke was den Capityn *Heraugiere*, die op den wegh een boeren peerd kreegh om weg te vluchten; dogh veele van die uyt de Stadt zyn geraeckt wirden op den wegh van de Guarnisoenen van *Herentbals* ende *Hooghstraeten* doodt geslagen ofte gevangen genomen, jae wynige zyn het ontkomen.

Aldus was de Stadt van *Lier* ten dry uren met veel Zegen-prael wederom onder den Koning gebracht.

Men rekent dat in dit ontset meer dan vyf hondert Soldaeten zyn gebleven sonder de Capitynen, daer den Naem-leyst van uytgaet; de straeten lagen vol doode lichaemen die alle van de kleederen wirden berooft, oock warender veele in het water van de Veste, onder de welcke oock gevonden is *Hendrick Voersen de Hasque*, geseydt *Grevesse*, die oock gequetst was; hy hadde in het selve jaer den aenslagh gemaeckt tot het innemen van de Stadt ende Casteel van *Hoÿ*.

Daer wirden by den mol-molen, aen het eynde van den muer om naer de Ballie te gaen, hondert en twintigh dooden in eenen put geworpen, ende in eenen anderen put daer neffens noch hondert lichaemen; daer-en-boven syn op verschyde plaetsen dooden in de aerde gesteken geworden.

De straeten van de hoogh-brugge tot aen de Lovensche Poorte lagen vol packen en sacken gevult met de goederen die den Vyandt hadde gerooft, oock is 'er veel gerooft goedt uyt het water der Veste gehaelt.

De Stadt van *Lier* nu verlost zynde uyt de handen van den Vyandt is het Volck, dat sigh hadde verborgen gehouden, alle te voorfchyn gekomen, waer onder oock was *Ida de Sappougne*, huyfvrouwe van den Gouverneur *de Luna*, die met haere kinderen was gevlucht geweeft in het Nonne-Kloofter van *Sion*, dus was den Gouverneur feer verblydt fyne Vrouwe ende Kinderen noch gefont vindende.

De Stadt wel verfekert zynde, zyn die van *Antwerpen* ten felven daege alle voorfien zynde van fchoone peerden, wapens ende kleederen van den Vyandt, oock met eenige Kryghs-gevangenen naer *Antwerpen* wedergekeert.

De Magiftraet van *Lier* dede uytroepen dat alle de gevonden goederen fouden gebracht worden ten huyfe van *Melchior van Certhemde*, Borgemeefter der felve Stadt, om aldus aen een ider het fyne weder te geven, dogh dit wird foo volkomentlyck niet volbracht.

Ten felven daeghe naer middagh, ten tyde van het ontfet, quamp in alle haefte van *Bruffel* naer *Mechelen* den voorgenoemden *Baron de Baffigni*, Gouverneur van *Mechelen*, ende nam de maeltydt op de Conchergie van het Stadthuys met de Heeren, Schouteth, Communiemeefter, ende Threforier.

Savonts ten 7. uren fchreeff het Magiftraet van *Mechelen* naer *Bruffel* aen den Raed van Staet over het goet fucces gefchiedt in het ontfetten der Stadt *Lier*.

Het Magiftraet van *Lier* fchreeff ten felven daghe aen het Magiftraet van *Mechelen* Brieff van danckfegginge, dat fy in dien noodt hun foo tydelyck hadden gelieven te fuccurreren, feggende voorders dat het hun leedt was dat fy, door de ongeftelheydt ende quade provifie, aen de Capitynen ende goede Borgeren geen beter tractement hadden konnen doen.

Die van *Lillo* hadden ondertuffchen tydinge bekomen dat het Staeten Volck de Stadt *Lier* dien dagh hadden ingenomen, daer om fy favondts vierden, maer fiende dat die van *Antwerpen* het felve deden, wiften niet wat dit bediede, tot dat fy verftonden dat de Stadt *Lier* was ontfet en hun Volck was verflagen ende gedoodt.

Des anderdaeghs den 15. October zyn de Borgers van *Mechelen* uyt *Lier* wedergekeert, wel voorfien zynde van Peerden, Wapenen ende Kleederen van den Vyandt, oock met eenige Kryghs-Gevangenen.

Alfdan is binnen *Mechelen* aengekomen den Borgemeefter van *Bruffel* met de Borgerye der felve Stadt om voorts te trecken naer *Lier*; daer wirden van Stadts-wegen aen den Borgemeefter geprefenteert vier Stadts ftoopen Wyn, noch waeren aen den Borgemeefter van *Bruffel* ende aen den Secretaris daeghs te voren (alfdan waerfchynelyck afgekomen zynde met den Baron *de Baffigni*) oock geprefenteert vier Stadts ftoopen Wyn.

Den Raed van Staet fchreef den 15. October uyt *Bruffel*, aen het Magiftraet van *Mechelen* dat het eene feer groote ende aengenaeme tydinge was die fy daeghs te vooren favonts ten 7. uren hadden gefchreven van het goedt exploict gedaen door de Borgerye met de medehulpe van de Borgers ende Soldaten van *Antwerpen* in het fecours ende herneminge van de Stadt *Lier*, hun bedanckende over de neerftigheydt ende forghe door de welcke de Borgers van *Mechelen* foo wel hun devoir hadden gedaen gelyck den geluckigen uytval bethoonde.

Ten felven daeghe 15. October wefende Sondagh, gefchiede binnen *Mechelen* eene generaele Proceffie van danckbaerheydt over de Victorien bekomen in 't innemen van *Dorlans*, *Camerijck*, ende *Lier* ende des favondts wirden de vreughde-vieren ontfteken. Tot *Antwerpen* gefchiede op dien dagh oock eene Proceffie Generael van danckfegginge.

Den volgenden dagh, wefende maendagh, wirdt binnen *Antwerpen* afgecondight eene Ordonnantie, waer by door het Magiftraet aen de Borgers wirdt geboden van op het Stadthuys in de groote Kamer, daer den Breeden Raede wordt gehouden, over te brengen alle het Kerck-gewaedt ende goederen van de Borgers van *Lier*, die fy uyt de packxkens ende fardeelen van de Soldaeten hadden genomen, om aen die van *Lier* weder gegeven te worden.

Ten felven daege wirdt door het Magiftraet van *Mechelen*, in Policye-Camer vergaedert zynde, gecommitteert Jonck-Heer *Joannes van der Laen*, Communemeefter van *Mechelen*, om te vertrecken naer *Bruffel* ende van daer naer *Cameryck* aen den Grave van *Fuentes*, om hem kenniffe te geven van het ontfet der Stadt *Lier*, gelyck door den felven Communemeefter is volbracht.

Den Raed van Staet fchreeff den 16. October 1595 aen het Magiftraet van *Mechelen*, dat fy onderricht waeren dat de Borgers eenige Krygs-gevangen hadden genomen binnen *Lier*, ende naer *Mechelen* gebracht, verfoeckende, ende niet te min gebiedende in den naem van de Majefteyt, dat de felve niet fouden ontflagen worden fonder het expres bevel van fyne Excellentie den Grave van *Fuentes*, ofte van hun.

Den 17. October is *Gillis Rombouts*, Lieutenant, met de Compagnie van *Mechelen* uyt *Lier* wedergekeert, het Guarnifoen aldaer foo lange bewaert hebbende, den welcken s'anderdaeghs den 18. heeft gegeven een verhael van 't ontfet van *Lier*, ende door den Notaris *van Score* in gefchrifte is gefteIt, ter prefentie van *Jeronymus Wuytiers*, ende *Gilis de Pauwe*, Borgers van *Mechelen*, als getuyghen, ende is tot *Bruffel* gedruckt geworden by *Rutgeert Velpius*.

Den Grave van *Fuentes* heeft by Brief van den 20. October uyt *Cameryck* aen het Magiftraet van

Mechelen geschreven dat hunnen Brief van den 16. te voren, ende den brenger van den selven, hunnen Borgemeester, hem seer wel waeren gekomen; dat hy seer geerne hadde verstaen het besonder raport het gene hy aen Hem gedaen hadde over alles het gene was uytgevallen in de Stadt van *Lier*, als den genen die daer in syn goedt deel hadde gehadt, ende de handt aen het werck hadde gestelt, dat het met waerheydt eene actie was van groote aengelegentheydt, de welcke aen de Borgerye soude wesen tot eene eeuwige glorie, hebbende soo liberlyck gewaeght hun bloedt ende hun leven voor den dienst van Godt, ende van den Coningh, ende tot bystandt van hunne Naebueren, seggende voorts dat hy het selve niet soude verswegen hebben aen syne Majesteyt, die daer in groote voldoeninge soude genomen hebben, ende daer van in alle voorvallen blycken soude gegeven hebben die sy soo wel hadden verdient, belovende daer over van synen kandt te doen syne herkentenisse, soo in het algemeyn als in het besonder, alswanneer den Heere hem daer toe de middelen soude gegeven hebben, 't zy geduerende den wynigen tydt dat hy was belast met de bestieringe der Nederlanden, het zy daer naer ende op wat plaetse hy soude geweest hebben, ende dat, gelyck hy eene besondere vreught hadde over soo gedenckweerdigen uytval, hy in sigh voelde eene besondere genegentheyt tot het Magistraet ende tot de Borgerye.

Joannes Bernaerts (*Bernartius*) heeft over dit ontlet uytgegeven een Boeckxken in de Latynsche Taele, het welck hy den 23. October 1595, wesende eenen Maendagh, heeft opgedraegen aen het Magistraet van *Mechelen*; welck Boeckxken in het volgende jaer gedruckt wirdt tot *Loven* by *Joannes Masius* op 34 pag. in 8.°

De Heeren *Nicolaus* ende *Joannes Van der Laen*

wyn, in herkentenisse van hunnen besonderen dienst in het ontset van *Lier*, wegens de Stadt van *Mechelen* ieder vereert geworden met eene silvere Schale; aen den Hopman *Sebastianus Kuyser* is oock geschoncken eene silvere Schale, ende aen Jonck-Heer *Henricus Walroy* zyn gepresenteert geworden vier Stadts stoopen Wyn.

Het Magistraet van *Mechelen* heeft tot eene gedachtenisse doen maeken eene Schilderye, geschildert door *Ian Guens*, verbeldende den platten grondt der Stadt van *Lier* met de omliggende velden, ende beneden het Volck van *Mechelen*, sommige gewaepent met vuer-roers, andere met spissen, aen de *Anderstadt* over de Riviere de *Nethe* oversettende ende spoedelyck voortsgaende; van boven in het verdiep siet men die van *Antwerpen* aenkomen, voorders siet men hun gesaementlyck, langs de Lisper poorte, op de welcke het Vaendel is gestelt, inkomen; op de Merckt syn eenige Huysen in den brandt, ende men siet den Vyandt vluchten naer de Lovensche Poorte ende naer den Mol; sommige springen in het water, ende die van *Mechelen* en *Antwerpen* zyn hun dapper vervolgende.

De Stadt betaelde voor dit stuck twee-en-veertigh guldens; het selve hanght noch op de boven Saele van het Stadthuys van *Mechelen*, waer onder staen dese volgende Verssen ende Jaerschrift:

DEN VEERTIENSTEN OCTOBER WAS LIERE
GEFORSEERT,
DOOR DEN VIANDT GEPILLEERT, IN GROOTE
DOLVEREN.
GODT HEEFT DE BVRGHERS VAN MECHELEN
GHEINSTRVWEERT
EN D'ANTWERPENNERS EN HEBBEN NIET
GEFALGEERT.
SY HEBBEN WEDER DE STAT GHEWONNEN TEN
DRIE VREN.

Op de Voor-faele van het Stadthuys van *Lier* is eenfgelyck eene Schilderye verbeeldende dit ontfet ende daer onder ftaen defe Verffen ende Jaerfchriften:

IN DeCIMo QVARTO oCTobrIs
QVOD FATA TVLerVnt,
hostIbVs eXpVLsIs, CAPTA,
reCepta LIRA EST.
et Liberate Civitatis Memorie
S. P. Q. L.
fieri fecerūt.

VeerthIen oCTober LYer In GROOT
TreVren Was
DoIr CaLVInVs gebroet DIese QVaeMen
BenoVWen
GoIDTs AssIstenCIe door hVLpe Van De
NAGEBVERE RAS
DEDE HEN DE STADT VLate EN HOOFDEN
KROVWEN.

1595.

Dit ontfet is oock feer konftigh verbeeldt in het glas van eene Venfter in den Pandt van het Kloofter der Cathuyfers tot *Lier*, onder welcke verbeeltenifle in de felve Venfter ftaet dit volgende:

Anno 1595. Octobris 14. Lyra Civitas proditione miferabili ab hofte Batavo occupata fuit atque eod. ipfo die favetib. Superis fatagetib. Pfectis urbis fuccurretibus Antverpie & Mechlinie Civib. Amicis cum aliquot militib. Hifpanis Caftri Antverpie. portumq. tuentib. Illuftrj urbis Præfecto Alphofo à Luna cum fuis recupata quib. oibus libertatis fue affertorib. hoc pangebat trophæum.

Daer gaet oock eene printe uyt verbeeldende dit ontfet, die gevoeght is in fommige exemplairen van de *Antiquitates Brabantiæ* door *Grammaye*.

Het Magiftraet van *Antwerpen* heeft tot eene eeuwige gedachteniffe van dit ontfet doen flaegen eenen filveren Gedenck penning, verbeeldende op de voorfeyde het Borft beeldt van een Vrouw-perfoon hebbende op haer hoofd, by maniere van eene Croone, een Kafteel met twee handen boven, beteeckenende het Wapen van *Antwerpen*, met dit omfchrift:

LIRA RECEPTA.

Op de tegen-zeyde ftaet eenen Lauwer-tack ende daer binnen:

PR ID. ID. OCT. CIƆIƆXCV.

ende dit omfchrift:

OB CIVES SERVATOS

Het geleydt Magiftraet heeft met defe Penningen vereert de Leydtsmannen van hun Volck, ende oock eenige Borgers die fig in dit ontfet kloeckelyck hadden gedraegen. Daer en boven is den Heere *Antonius van Berchem* van Stadts wegen vereert geworden met eene fchoone filvere vergulde Coppetaffe.

Aen de andere Capitynen zyn oock gefchencken gedaen, ende aen de Borgerye is gegeven tot eene vergeldinge over hunne dapperheydt ende over het wedergeven van den roof aen de Borgers ende Kercken van *Liere*, de fomme van 2000 guldens om hun daer mede te vermaecken ende te faemen daer mede te bancqueteren.

Den Grave van *Fuentes* heeft in de maendt December daer naer aen den Koningh van Spagnien by brieve te kennen gegeven den goeden uytval van dit ontfet, ende de kloeckmoedigheyt der Borgerye ende van hunne Aenleyders, gelyck den felven Grave belooft hadde te doen.

De Reliquien van den *H. Gummarus*, federt defen inval van den Vyandt bewaert wordende ten huyfe van den Paftoor, gelyck hier voren is gefeyt, heeft het Capittel van *Lier* het felve te kennen gegeven aen het Vicariaet van het Bifdom van *Antwerpen*, ende verfocht om de felve met Proceffie te mogen overdraegen naer de Kercke ende te fluyten in de Kaffe, het welck aen hun by Brief van den 2. December 1595 is toegeftaen geworden; ingevolge van 't welcke den 21. daer naer de felve Reliquien in de Capelle van den *H. Petrus*, ten bywefen van het Capittel, van het Magiftraet, ende van verfcheyde foo Geeftelycke als Wereldlycke Perfoonen, in de Kaffe zyn geflooten geworden, ende van daer plechtighlyck overgedraegen naer de Collegiaele Kercke.

Tot danckbaerheydt aen Godt over dit geluckig ontfet hebben die van *Lier* ingeftelt eene jaerelyckfche Proceffie, die fy noemen de Proceffie van de *Furie*, welcke begonft is in het jaer 1596, ende word noch op den verjaerdagh van het ontfet onderhouden, ende gefchiedt in deler voegen:

Jaerelyckx op den 14. October wordt in de Collegiaele Kercke van den *H. Gummarus* het Officie gefongen *Ritu duplici fecundæ claffis*, ut in Fefto S. Gummari in oratione; *Deus Angelorum &c.* loco *Solemnitatem* dicitur *Commemorationem* &c. Ontrent half thien uren gefchiedt de folemnele Miffe, beginnende: *Juftus*, 2. loco *Confef. non Pontif.*, naer de Miffe gaet de Proceffie met de Ambachten, Gilden, de Paters Capucinen ende Predickheeren; naer defe wordt gedraegen de filvere Reliquie-kaffe in de welcke befloten zyn de Reliquien van den *H. Gummarus*, dan het Capittel, het Alderheylighfte Sacrament gedraegen wordende door eenen Heer Can. *Hebdomadarius*, ende opgevolght wordende door het Magiftraet.

De Proceſſie nemt haeren wegh langs de **Werve,** Kaeye, Eeckel-ſtraete, Merckt, ende Liſper-ſtraete tot in de Liſper Buyten-Poorte, alwaer het Alderheylighſte op eenen Autaer, aldaer alsdan opgerecht, wordt geſtelt, ende de Reliquie-Kaſſe wordt onder de Poorte neder geſet; ondertuſſchen wordt'er een mottet van danckſegginge geſongen, ende wordt de Benedictie met het Alderheylighſte gegeven, alswanneer met het Canon wordt geſchoten; ende wederkeerende tot aen de Zeyd-Poorte van het Clooſter der Cathuyſers, daer eenen Autaer is geſtelt, wordt de Benedictie oock gegeven; afgaende van de Poorte wordt den *Te Deum laudamus* geſongen, ende de Proceſſie keert langs de Wyngaertſtraete, Ruysbroeck-ſtraet, Vredenbergh, en Kerckſtraet naer de Kerck langs de Ooſt ende Zuydt zeyde tot naer de groote deure. Komende in de Kercke wordt de ReliquieKaſſe geſtelt in den middel-beuck, ende het Alderheylighſte op den Autaer van den *H. Gummarus*, alswanneer wederom een mottet van danckſegginge wordt geſongen, ende de Benedictie gegeven.

EYNDE.

AENTEEKENINGEN
OP HET
VOORGAENDE.

Bladzyde 1. *Linea* 17.

DE Generaele Staeten van de Nederlanden hebben binnen *Antwerpen* den 13. Augusti 1578 aengegaen ende gesloten seker Accord ende Verbond met *Ludovicus van Amboyse*, Gouverneur van Anjou, *Ludovicus de Hacqueville* ende *Claude de Mondoucet*, in den naem van den Hertogh van Alençon, waer by was besloten dat den selven Hertogh van Anjou, Alençon &c. de voorschreve Staeten soude helpen, onderhoudende thien duysent Voet-knechten ende twee duysent Peerden tot synen koste ten tyde van dry maenden, ende by soo verre den Oorlogh alsdan noch niet soude voleyndt geweest hebben, moeste den Hertog syne assistentie continueren met dry duysent Voet-knechten en vyf hondert Peerden, die te employeren soo tot de Garnisoenen als andersints; de Staeten accordeerden aen den selven Hertogh den titel van *Beschermer van de Libertyt van de Nederlanden teghen de Tyrannie van de Spaingnaerden ende heure Aenhangeren*, ende voorts volgens het selve accord door den Hertogh geratificeert tot Berghen in Henegouw den 20. Augusti 1578; waer op den geseyden Hertogh op den 9. September daer naer binnen Berghen in Henegouw heeft verleent Declaratie van Oorlogh teghen Don *Johan*, de Spagniaerden ende hunne Aenhanghers.

Bladz. 1. *Lin.* 19.

Op de aenkomſte van den Hertogh van *Alençon* tot *Antwerpen*, is binnen *Mechelen* geviert geworden, gelyck blyckt uyt de Stadts Rekeninge van het jaer 1582, alwaer men leeſt:

„ Betaelt den Scepen knapen vand. wete te doen
„ aen alle d'Ambachten omme te vierene de compſte
„ van zyne Hoogheyt ten verſoecke van Com-
„ moingmre de Hertoge p. ordinan. quitan. 14.
„ Februarii 82.

Oock bevindtmen in de ſelve Rekeninge dat wegens de Magiſtraet van *Mechelen* eenige Commiſſariſſen naer *Antwerpen* zyn geſonden om den Hertogh van *Alençon* te verwillekomen, want aldaer ſtaet:

„ Betaelt den Treſorier van Kerckhove als by
„ hem verleyt aen de Vacatien gedaen by ſeker
„ Cōiſſariſſen vand. Wet geſonden naer *Antwer-*
„ *pen* te Hove aen zyne Hoogheyt den Hertoge
„ van *Anjou* te congratuleren als van gñale Sta-
„ ten voor Heere ontfangen ſoo van verteerde coſten
„ als andere verſchoten penn. by myn Heeren Cō-
„ iſſariſſen geleden p. ordinan. quitan.

Bladz. 1. *Lin.* 22.

Raeckende het afsweeren van den Koningh van Spagnien, ende het doen van Hulde aen den Hertogh van *Alençon* door de Ambachten binnen *Mechelen*, ten jaere 1582, leeſt men in de Stadts Rekeninge van 1583 dit volgende:

„ Betaelt den Griffir van Eynde ter cauſen van
„ extraordinariſe vacatien by hem met myñ Heere
„ de Scoutet ſyn Luytenant ende Cōiſſariſen
„ op alle d'Ambachts Cameren gedaen in 't afswe-
„ ren van Coninck van Spaignien ende affnemen
„ van Eedt van getrouwigheyt en huldinge aen
„ ſyne Hoocheyt geduerende den tyt van xxviii
„ dagen tot xx ſ. art. p. ordinan. quitan. xiiij Mey
„ LXXXii.

De Ambachten van *Mechelen* zyn van Stadtswege oock vereert geworden met fekere fomme geldts over het doen van den Eedt van hulde ende trouwe aen den Hertogh van *Anjou*, *Alenzon* &c. gelyck bewyft de Stadts Rekeninge van 1582, alwaermen bevindt als volght:

„ Gepñt de gefwoirne met gemeyn gefellen vañ
„ Scippers Ambachte als zylieden den Eedtdeden
„ aeñ Hertoge p. ordinan. vañ Commoingmre 28.
„ Aprilis 82. ———— viij p.

„ Gepñt den gemeyn gefellen en gefwoirne vañ
„ Backers Ambachte in't doen van heurl. eedt aen
„ den Hertoge van Brabant 28. Aprilis LXXXij. p.
„ ordin. ———— vj p.

„ Gepñt den Ambachte vañ Beenhouwers, vañ
„ Huyvetters, Schilders, mette gemeyn gefellen
„ elcken vj. p. art. in't eeden vañ Hertoge van
„ Brabant jerften Mey p. dry ordinan. —— xviij p.

„ Gepñt den gemeyn gefellen vañ Hoveniers,
„ Fruyteniers en Mandemakers Ambachte in't doen
„ vañ Eedt p. ordinan. ———— iij p.

„ Gepñt den gefwoirne met gemeyn gefellen van
„ den Vifschers in't doen vañ Eedt aen fyne Hooc-
„ heyt tot behulp van't gene fy als doen verteer-
„ den by kenniffe van myn Heere den Schoutet
„ p. ordinan. ———— vj. p.

„ Geaccordeert *Jan Wellens*, Deken mette ge-
„ fellen vañ Droogleheerders Ambachte in recom-
„ penfe van dat zy dierfte geweeft vañ eedt te doene
„ aen zyne Hooch. p. ordinan. quitan. 21. Junii
„ 1582. —— iij p. xij. f,

Bladz. 3. Lin. 34.

Men bevindt ontrent dien tyde fekeren *Adrianus van Buyten*, fone van *Adrianus*, Heere van *ten Broeck*, ende van *Maria van Steen*. Hy hadde in eerste Houwelyck getrouwt *Christina Tesche*, dochter van *Joannes*, ten jaere 1580 Borgèmeester van *Lier*, gestorven 20. Januarii 1610, ende van *Joanna Peeters*, dochter van *Guillielmus*, die stierf den 9. Februarius 1602. ende in tweede Houwelyck by Contract van den 6. Nov. 1632, t'*Antwerpen* voor den Notaris *Ludovicus van den Berghe* gepasseert, *Margarita van Craywinckel*, Weduwe van *Jacobus Cornelissen*, gebortigh van *Antwerpen*; doch sonder kinderen.

Bladz. 5. Lin. 3.

Chr. van Lom in syne *Beschryving der Stad Lier*, Bladz. 82, seght: *Kort hier na wierd de Collegiale van Sint Gommer en het Kerckhof door den Bisschop van Antwerpen weder geweyd*, maer hy misgrypt sigh daer in, gemerckt dat naer de doodt van *Franciscus Sonnius*, Bisschop van *Antwerpen*, die gestorven is den 28. Junii 1576, dien Stoel is open gebleven tot de komste van *Livinus Torrentius*, die Bisschop van *Antwerpen* wirdt geweyt den 10. September 1587. Desen wirdt in het jaer 1594 door den Koningh gekosen tot Arts. Bisschop van *Mechelen*, maer stierf, aleer hy possessie hadde genomen, den 25. April 1595.

Bladz. 11. Lin. 10.

Dese Victorie soude door den Grave van *Fuentes* tegens den Admirael *Villars* bekomen zyn den den 24. Julius 1595, waer over binnen *Mechelen* op den 30. der selve maendt Processie generael tot danckseggnge is geschiedt, in welcke Processie seer waerschynelyck de Heeren van het Magistraet met licht hebben gegaen, aengesien in de Stadts Rekeninge sedert 21. Julii 1595 tot 21. Julii 1596, gesloten den 9. Nov. van dat jaer, staet:

,, Bet. *Adriaen Lauwyn* voer twee en dertich
,, heytsen by den selven gelevert opd. xxx. Julii xvc
,, xcv dat men Processie generael ginck om Godt.

„ te loven en dancken van de Victorie die heylige
„ Kercke verleent op *S. Jacop* avent laeſtleden vol-
„ gende d'Ordonantie en quitantie....

Bladz. 11. Lin. 22.

Den 8. September 1595 is binnen *Mechelen*, ge-
duerende het Belegh van *Cameryck*, eene Generaele
Proceſſie gedaen om Victorie te verkrygen, in de
welcke oock ongetwyfelt, de Heeren van het Ma-
giſtraet met Licht ſullen gegaen hebben, want men
in de gemelde Rekeninge leeſt dit volgende:

„ Bet. den ſelven *Lantwyn* voor xxxij heytſen
„ wegen hondert en vyf pont tot viij ſ. pont
„ gelevert opd. viij. September xcv. dat men Pro-
„ ceſſie generael ginck om Godt te bidden om
„ Victorie te mogen crygen voer *Cameryck*, vol-
„ gende dordinantie en quitantie...

Bladz. 13. Lin. 7.

Tot lof van Don *Alonſo de Luna y Carcamo*, Gou-
verneur van *Lier*, heeft men voortydts, vol-
gens *Sweertius, Inſcript. & Monum. Sepulc. Brabant.
pag.* 365., in de Venſters van den Pandt in het
Klooſter der Cathuyſers tot *Lier* geleſen deſe vol-
gende Verſen ende Jaer-ſchriften:

Spectatori.

Omnia tempus habent, ſpatiis quoq. parvula juſtis
  Poſiciunt, virtus creſcit agente die.
Proſcripti Regis, Chriſti, pietatis avitæ,
  E cara Patria me procul egit amor.
His ſervata fides, bis gnava induſtria ſudans,
  Multa vagis geſſit commemoranda locis.
At fortem ALPHONSUM *numeralia terna loquuntur.*
  Diſticha, prudenti pauca notaſſe ſat eſt.

Donum.
HEROE A LVNA NOCVOS LIRA DESPICIT AVSVS;
DIO PATRE CAVET NOXIA SCITA LIRA.
Meritum
OCTOBRIS QVARTA ET DENA LIRA FALSA
FEFELLIT
ALPHONSI EXACTE LVXIT ADVLTVS AGON.
Gratitudo
PRINCIPE VEXILLO AVGETVR LAVDATA
SEQVELA,
ALPHONSO EXVRGIT CREBRA FENESTRA DVCE.

Hy hadde in houwelyck *Ida de Sappougne*, die begraeven light in Kercke van het Nonnen-Klooster van *Sion* tot *Lier*, onder eenen blauwen Sarck met dit opfchrift ende Quartieren:

Icy gift Madame Ida de Sappougne, en fo vivant Femme du Sr. Do. Alonfo de Luna Y Carcamo Mre. de Camp d'Infanterie Espagnelle du Conf. de Guerre de Sa Ma.te & Gouverneur de la Ville de Liere qui trepaffa le 22. d'Aougft 1610. Pris Dieu pour fo ame.

SAPPOUGNE.	PORCHERESSE.
MONTPLAINCHAMPS.	MALEY.

Bladz. 15. Lin. 16.

De Hiftorie-fchryvers zyn feer verfchillig in het ftellen van den tydt dat het Canon ende Buspoeder foude uytgevonden zyn; *des Roches*, in fyne *Hiftoire de Danemarc*, Tom. IV., feght dat *Pontanus* dien aengaende verfcheyde opfoekingen heeft gedaen, ende dat hy naer *Munfterus* in fyne Cofmographie aenbrenght *Achilles Gaffar*, exacten Hiftorie-fchryver, die feght dat de Denen op hunne vloot in de Baltifche zee ten jaere 1354 alreede Poeder ende Canon hadden, ende dat *Jeronimus Ziegler*, in fyne *Hiftoire des Hommes il-*

luftres, defe uytvindinge verfekert op het felve jaer; *Joannes Mariana* feght het felve gebruyckt te zyn door de Spagniaerden ten jaere 1343 in het Belegh van *Algezira*.

Het is feker dat het Canon alhier binnen *Mechelen* van het jaer 1356 in gebruyck was onder den naem van Donderbuffen; want het blyckt uyt de Stadts Rekeninge, federt den laeften Augufti 1356 tot den laeften Augufti 1357, dat'er alreede eenen Meefter geftelt was tot toeficht der Donderbuffen, wiens betaelinge aldaer wordt verantwoord in defer voegen:

It. Meeft. Sibrecht Meeft. van den Dond'buffen van fene foudeyen.

Tot *Loven* was het Canon op dien tydt oock alreede onder den naem van Donderbuffen in gebruyck, want *Petrus Divæus*, fchryvende de *Bello Flandrico* op het jaer 1355, feght: *Eodem anno nostros primum tormentis ufos lego, quæ tunc* Donderbuffen *ab horrendo fragore appellabant*.

In de Stadts Rekeninge van *Mechelen* van het jaer 1383 leeft men dien aengaende dit volgende:

„ *Ian Hoet* van viij ledrē facken daer mē Dond'-
„ bufpoeder in doet.

„ It... van een Dond'-buffen die myn Hee. van
„ Brabant gheleent was en ontwee ghefcotē was
„ wed. te v'makene.

„ *Ian de Smet* van Hevē van een grt. Steen Dond'-
„ buffen woeg iijc LXXX b.

„ De felve vā eenen gten yfeñ balke ghebeft.
„ t'Dond'-buffe die ghebrokē was voer Lovene.

„ Meeft. *Ian Stoep* potghietē geghven in hool-
„ fchieden omē dat hi d. Stad Dond' buffen v'waerde
„ iij jaer lanc.

Dat de Stadt van *Mechelen* ten dien tyde veel Donderbuffen hadde, is te bemercken uyt dien dat op alle de Stadts Poorten Donderbuffen bewaert wirden, gelyck gethoont is in de *Gedenck Schriften op het Leven van den H. Rumoldus*, in de Byvoegngen, Bladz. 1.

Hier uyt volght dat *Polydorus Vergilius de Rer. Invent.* figh verre mifgrypt als hy feght dat het Canon eerft foude gebruyckt zyn geweeft ten jaere 1380 in den Oorlogh van die van Genua ende van Venetien.

Bladz. 17. *Lin.* 17.

Gerardus de Hornes, Baron *de Baucignies*, anders *Baffigny*, was Gouverneur van *Mechelen* van in het jaer 1592, ende dede in het jaer 1597 afstandt van dit Gouvernement in handen van den Cardinael *Albertus*, Arts-Hertogh van Oostenryck, Stadthouder, Gouverneur, ende Capiteyn Generael der Nederlanden, den welcken in deffelfs plaetfe aenftelde *Nicolaus van der Laen*. Den gefeyden *de Hornes* wirdt daer naer Ambassadeur in Vranckryck, ende in het jaer 1601 is hy gefonden geweest tot de vredehandelinge die gehouden wirdt tot *Bergen op Zoom*; alwaer hy den 20. Julii beneffens de andere gecommitteerde door den Gouverneur wirdt ontfangen. Hy ftirf den 7. Feb. 1612. Ten daege dat hy fyn affchydt nam van het Gouvernement van *Mechelen* wird hy van Stadts wegen met Wyn vereert, gelyck in de Stadts Rekeninge van het jaer 1597 te fien is, alwaer ftaet:

,, Bet. Her *Ian Croone* voir een Poenfoen Royen
,, Wyn tweenvyftigh gul. en x f. gepnteert Myn
,, Heere den Baron *van Baffigny*, Gouverneur defer
,, Stede, ten daeghe dat hy fyn afcheet ramp van
,, fyn Gouvernement, ende elf ft. voir dry pinten
,, proef-wyn met noch xxx f. voir de vracht t'famen
,, volgen.d ordoñan van 17. Mey 1597 met die quitan.

Hy hadde in het jaer 1595 getrouwt *Honorina van Wittham*, Vrouwe van *Tffche* van *Arquennes* &c., die ftierf den 16. Januarii 1643, dochter van An-

tonius, ende van *Iudoca de Noyelles*. Hy wirdt op fyne Bruyloft van Stadts wegen vereert met twee Amen Wyn, het welck in de Rekeninge van het jaer 1595 wordt gebracht in defer voegen:

„ Bet. *Pieter van Dornen* weert in *Roome* een
„ hondert vier en viertigh gul. eens voir twee Amen
„ Wyns gefchoncken My. Heere den Baron *van*
„ *Baffingni* &c. Gouverneur defer Stede op zyne
„ Bruyloft volgen. dordonnañ en quitan.

Hy was fone van *Ioannes de Hornes*, Grave van *Baucignies*, Baron van *Bocxtel* ende van *Lokeren*, Gouverneur van *Dort* ten jaere 1572, ende van *s'Hertogbenboffche* ten jaere 1599, geftorven tot *Uytrecht* den 11. November 1606, tot *Bocxtel* begraeven; ende van *Maria van S. Aldegonde* (ex matre *Rubempré*), deffelfs eerfte huys-vrouwe.

Bladz. 17. Lin. 20.

In de gemelde Stadts Rekeninge van 1596 wordt gebracht de betaelinge gedaen aen de gene door het Magiftraet waeren gefonden om kenniffe te geven van het innemen der Stadt *Lier*, aldus:

„ Bet. *Antoni van Houte*, Looper, van geweeft
„ te hebben op den Nieuwen Dyck en Hairfcanfe
„ om advertentie te doen datfe hun reet fouden
„ houden om te trecken naer *Liere*...

„ Bet. *Jan Daems*, Provoft, voer dat hy op dē 14.
„ Octobris 1595 met brieven vañ Magiftraet is geweeft
„ tot *Bruffel* te kennen te geven van dinnemen van
„ *Liere* en den nacht daer naer wederom gereyft
„ om t'adverteren het goet fucces van ons Borgers
„ die de Stadt wederom innenamen van den Viant.

„ Bet. *Oriaen Gilbert* voer dat de felve geweeft
„ is den XIIII. October 1595 met brieven aen
„ Myn Heer den Baron van Baffigni, Gouverneur
„ defer Stede, tot *Bruffel*,

Bladz. 17, *Lin.* 33.

Nicolaus van der Laen, Heere van *Hagelfleyn*, was fone van *Nicolaus*, Heere van *Hagelfleyn*, van *Schrieck* ende *Grootloo*, Treforier Generael van *Eleonora* van Oostenryck, Coninginne van Vranckryck, gestorven ten jaere 1564, ende van *Agatha de Huyter*, dochter van *Joannes*, Ridder van het H. Graf tot *Jerufalem*, Schouteth van Delft, overleden 27. Mey 1541, ende van *Petronella van Diepenhorst*; welcken *Joannes de Huyter* natuerelycken vader was van *Benjamin* genoemt *Pontus de Huyter* (*Heuterus*), Canonick van *Gorcum*, daer naer Prooft van *Arnhem*, bekent door fyne Schriften.

Nicolaus van der Laen begaf figh in fyne iongheydt tot den Kryghs-dienst van den Koning van Spagnien, ende was ten jaere 1571 in het vermaert Zee gevecht van *Lepanto*, daer hy gequetft wirdt.

Ter oorfaeke van de Victorie behaelt in dit Zeegevecht fchreeff den Hertogh van *Alba*, Lieutenant, Gouverneur, ende Capiteyn Generael, aen den Grooten Raede alhier den 6. November 1571, die Victorie te kennen gevende verfoekende ende gebiedende in den naem van den Koningh dat binnen de Stadt *Mechelen* in ieder Parochie fonder uytftel foude gefchieden eene generaele Proceffie met het Alderheylighfte, ende andere verdienftelycke wercken tot danckfegginge aen Godt over dien Zegenprael; welcken Brief met het kort verhael der felve Victorie, om de gedenckweerdigheyt der faecke hier wordt ingevoeght, fynde den felven als volght:

,, Don *Ferdinande Alvares de Toledo*
,, Duc d'Alve &c. Lieutenant
,, Gouverneur & Cap'ne Gnal
,, Trefchiers & bien amez, Nous vous tenons re-
,, cordz des exhortations que depuis quelques mois
,, enca font efte faites p. ñre st. Pere le Pape,
,, & le Roy ñre Sire, afin que chūn fe meift en

F

,, eſtat de graces pour ſe reconcilier a Dieu, &
,, prier pour la victoire contre les Infidelles noz
,, cõmuns ēnemis qui avec ſi grandes forces avyont
,, invahi la chriēnnete, par mer & par terre, &
,, comme nous ayons p̃ntement reçeu nouvelles
,, dune grande & miraculeuſe victoire, quil a
,, pleu a Dieu nagaires donner contre les Turcqz,
,, ayant leur armee de mer entierement eſte deffaite
,, p. celle de ſa Mte. & de ſes allyez ſoubz
,, la conduyte du Sr. Don Jehan dAuſtrice frere
,, naturel de ſad. Mte. comme pourrez veoir p. lad-
,, vertiſſem. cy joinct, choſe que tenons advenue tant
,, p. les prieres des bons chriēns, que que par
,, la vaillantiſe de ceulx qui ſont eſte a lexploit,
,, A ceſte cauſe vous en avons bien voulu ſe. pt.
,, par la p̃ſte. a ce que en ſe rejoyſſant dune choſe
,, tant importante pour toute la chriēnnete il ſen
,, ſouvienne auſſy den rendre graces & louenges
,, a Dieu duquel ſeul touttes victoires proced.
,, vous requerant & ordonnant a ceſt effect ou
,, nom & de la part de ſad. Mate. que incontinent
,, & ſans delay ayez a requerir, & commander de
,, la part dicelle tant a lArcheveſque de Malines
,, ou ſon Vicaire Gñal que aux gens dEgliſe & de
,, Religion, enſemble aux Eſcoutette Cõmoingmrs
,, & gens de loy de lad. Ville de Malines, que a
,, telz briefz. jours & convenables quilz adviſe-
,, ront, ilz ayent a faire ſe. Proceſſions gñalles
,, & ſolempnelles, portant le Venerable St. Sacra-
,, ment en chune Paroiche de lad. Ville de Mali-
,, nes le plus devotement & ſolempnellement que
,, ſe. ſe pourra faiſant auſſi devotes prieres, orai-
,, ſons, aulmoſnes, ſuffrages & autres œuvres me-
,, ritoires pieuſes & agreables a Dieu ñreCreateur,
,, afin de vouloir garder & conſerver la chriēnnete
,, contre les empriſes, forces & invaſions deſd.
,, Turcqz & infidelles, le remerchiant tres hum-

,, blement de lad. grande victoire, & en faifant
,, feuz de joye & fignes dallegreffe, a quoy ferez
,, enhorter & admonefter ung chūn de lemployer,
,, felon que merite la finguliere grace, que le bon
,, Dieu a fait & demonftré en ceft endroit, tant
,, a fad. Mte. que a toute la Republicque chriēnne,
,, & en ce que deffus ne veullez fe. faulte. A tant tref-
,, chiers & bien amez fire S., vous ait en garde.
,, De Bruxelles le vj. jour de Novembre 1571.
,, Soubz eftoit efcript, Par ordonnance expreffe de
,, fon Exce. a caufe de l'indifpofition dicelle & figné
,, dOverloope. La fubfcription eftoit A noz tref-
,, chiers & bien amez les Prefidt. & gens du grand
,, Confeil du Roy a Malines. Rpta. le vij.e de
,, Novembre 1571 entre onze & douze heures
,, a midi.

,, De Venize le xixe. dOctobre 1571.
,, A ceft inftant font venu trois galleres Vene-
,, tiennes chargees de Turcqz, avec nouvelles que
,, le dimenche vij. dud. mois, larmee xpienne
,, fe trouva avec celle du Turcq & commencha-
,, rent la bataille, ou furent les fix galeaffes les
,, premieres qui invahirent, & apres toutes les au-
,, tres galleres & rompirent larmee du Turcq &
,, prindrent 180 galleres avec le principal baffa,
,, Pyali fe faulva en la Prenefte avec environ dix
,, galleres, le refte fut gette au fond & brufle
,, & furent tuez quinze mil Turcqz & prins cincq mil.
,, Au combat eft demeure mort Barbarigo pro-
,, veedor gñal de ces Srs. Venetiens avec aucuns
,, principaulx comtes. Incontinent l'Illuftriffime
,, Srie. alla a leglife rendre graces a Dieu de fi
,, grande victoire & fe fit grandes allegreffes en
,, tout le pays.

Hier naer heeft *van der Laen* figh begeven naer
Mechelen, fyne geborte plaetfe, ende wirdt den 4.
Meert 1578 Gefwoorne van de Poorterye,

ende den 26. Augufti van dat jaer Schepenen der felve Stadt.

In het jaer 1580, alswanneer op den 9. April de Stadt *Mechelen* door de Rebellen wirdt ingenomen, heeft hy figh geftelt aen het hoofd der Borgerye, ende kloeckelyck gevochten fonder de plaetfe te verlaeten die hy gekofen hadde om aen den Vyandt den vorderen ingangh te beletten, tot dat hy gequetft zynde door eenige Borgers naer fyn huys is gedraegen.

In het jaer 1595 heeft hy figh op den 14. October wederom geftelt aen het hoofd der Borgerye van *Mechelen*, ende heeft met de felve, gelyck hier vooren breeder is gefeydt, den lof gedeylt over het ontfetten der Stadt *Lier*.

Den Cardinael *Albertus*, Arts-Hertogh van Ooftenryck, Stadthouder, Gouverneur, ende Capiteyn Generael, ftelde hem, by provifie, naer dat den Baron *de Baffigny* afftand hadde gedaen van het Gouvernement van *Mechelen*, Superintendent over de Wachte der felve Stadt ende van de omliggende Forten, als breeder te fien is uyt de Commiffie hem gegeven, ende den Brief aen het Magiftraet van *Mechelen* toegefonden, beyde door den Arts-Hertogh den 3. Mey 1597 verleent, ende luydende aldus:

,, Albert, par la grace de Dieu Cardinal Archiduc
,, &c. Lieutenant Gouverneur & Capitaine Général.
,, Très-chier & bien-amé. Ayant le Baron *de Baffigny*
,, naguaires remis en Noz mains le Gouvernement
,, de la Ville de *Malines*, Nous avons eu pour
,, bien, de vous commectre, comme commectons
,, par provifion, & jufques a ce que autrement
,, fera ordonné, à la Charge & Superintendence du
,, Guet & Garde de ladicte Ville, & Fortz adja-
,, cens; & ce pour le bon rapport que fait Nous
,, a efté de voftre perfonne, & de voftre fouffifance,

,, vigilance, & zele au service du Roy Monseig-
,, neur, par les bons debvoirs qu'avez rendu en
,, ladicte Ville, toutes ces années passées jusques
,, a present. Par quoy Nous vous requerons, &
,, neantmoins au nom & de la part de S. M. or-
,, donnons, de faire bien & deuement tout ce que
,, a ladicte charge appertient, selon que S. M. &
,, Nous en avons en vous la confidence, escripvant
,, par Nos Adjoincts, tant a ceux du Grand Con-
,, seil, que a ceux du Magistrat dudict *Malines*,
,, de vous donner & faire donner toute l'ayde,
,, addresse, & assistence, dont aurez de besoing,
,, pour vous faire bien obeyer & respecter en tout
,, ce que commandrez pour le service de S. M.,
,, bonne garde & conservation de ladicte Ville &
,, Fortz adjacens, le tout par provision, tant &
,, jusques a ce que aultrement sera ordonné, comme
,, dict est. A tant, tres-chier & bien-amé Nostre
,, Seigneur vous ait en sa saincte garde. De Bruxel-
,, les le iij. de May 1597. *Paraphé*: *A. v. Signé*:
,, Albert Car. *& plus bas contre-signé*: Verreyken.

 Het opschrift was:

,, A Nostre tres-chier & bien-amé *Nicolas van*
,, *der Laen*, Seigneur de *Hagelsteyn*, premier Com-
,, mungmaistre de la Ville de *Malines*.

,, Albert, par la grace de Dieu Cardinal Archi-
,, duc &c. Lieutenant Gouverneur & Capitaine-
,, Général.

,, Tres-chiers & bien-amez. Ayant le Baron de
,, *Bassigny* naguaires remis en Noz mains le Gou-
,, vernement de la Ville de *Malines*, Nous avons
,, eu pour bien, sur le bon rapport que fait Nous
,, a esté de la personne de *Nicolas van der Laen*,
,, premier Commungmaistre d'icelle Ville, & de sa
,, souffisance, vigilance, & zele au service du Roy
,, Monseigneur, de le commectre Chief & Super-
,, intendent du Guet & Garde de ladicte Ville

,, & des Fortz adjacens, par provision, tant &
,, jufques a ce que aultrement par S. M. ou Nous,
,, fera ordonné. Dont vous avons bien voulu ad-
,, vertir, vous requerant, & neantmoins au nom
,, & de la part de Sadicte Majesté ordonnant, que
,, pour le meilleur effect de fadicte Charge ayez
,, a lui donner, & faire donner toute ayde &
,, affiftence requife, a tel effect qu'en tout ce qu'il
,, commandra pour le fervice de S. M., bonne
,, garde & confervation de ladicte Ville, & Fortz
,, adjacens, il foit obey, & refpecté comme il ap-
,, pertient: le tout par provifion, & jufques a ce
,, que aultrement fera ordonné, comme dict eft.
,, A tant, tres-chiers & bien-amez, Noftre Seigneur
,, vous ait en fa faincte garde. De Bruxelles le iij.
,, de May 1597 *Paraphè*: *A. v. Signé*: Albert Car.
,, *Et plus bas contre-figné*: Verreyken.

Het opfchrift was:
,, A Nos tres-chiers & bien-amez les Commung-
,, maiftres, Echevins, & Confeil de la Ville de
,, *Malines*.

Op den voet: Recepta viij. Mai 1597.

Albertus ende *Ifabella* deden hunne Blyde-inkomfte binnen *Mechelen* den 5. December 1599, ende des anderdaeghs wierden fy gehult als Heere ende Vrouwe van *Mechelen*, ten welcken eynde groote toeberydingen waeren gemaeckt; voor het Stadthuys was gefteIt eene groote ftellagie, van beyde zeyde opgaende met trappen, verciert met koftelycke tapyten, befet met de Wapenen van hunne Hoogheden ende van hunne Provincien; in het midden was geftelt eenen Throon, gemaeckt van roodt carmofyn fluweel, omfet met goude galonnen; hunne Hoogheden quaemen naer de Metropolitaene Kercke, verfelt door de Heeren van het Magiftraet te peerde, alfwanneer de folemnele Miffe wirdt gedaen door den Arts-Biffchop, de welcke geëyndight zynde, fyn hunne Hoogheden naer den Theater gegaen, den wegh van de Kercke tot aen het Stadthuys overdeckt zynde met wit laeken, uyt dien de ftraeten vol flyk waeren; ende hebben hunne Hoogheden figh nedergefet onder den Throon, ftaende aen de rechte zeyde vericheyde Princen ende Graven, ende aen de flincke zeyde de Heeren van het Magiftraet, aen welcke zyde oock ftont den Grave van *Croy* en *Solre* met ongedeckten hoofde, hebbende in de handt het fweerdt van den Prince, beneffens hem ftont oock met ongedeckten hoofde *Joannes Richardot*, Hoofd Prefident van den Secreten Raede, den welcken eene fchoone Lof-reden dede ter eeren van hunne Hoogheden, naer de welcke de Huldinge gefchiede, doende hunne Hoogheden den Eedt op het H. Evangelie, den Boeck gehouden wordende door den Arts-Biffchop *Hovius*, ende door den gefeyden *Nicolaus van der Laen*, als Communemeefter, waer naer den Eedt gefchiede door de Heeren van het Magiftraet, het welcke gedaen zynde, wirdt *Nicolaus van der Laen*, in herkenteniffe van fyne getrouwe dienften door den Arts-Hertogh aldaer op den Theater Ridder gemaeckt door den Stock ende het Sweert van Eere, ende zyn aen hem ten felven daghe daer over door den Arts-Hertogh verleent opene Brieven, luydende als volght:

,, ALBERT, par la Grace de Dieu Archiducq
,, d'Auftriche, Ducp de Bourgoigne, de Lothier, de
,, Brabant, de Lemburch, de Luxemburch, & de Gelre,
,, Comte de Habsburch, de Flandres, d'Artois, de
,, Bourgoigne, de Tirol, Palatin, & de Haynnau, de
,, Hollande, de Zeelande, de Namur, & de Zutphen,
,, Marquis de St. Empire de Rome, Seigneur de Frize,
,, de Salins, de Malines, des Cité, Villes, & Pays d'U-
,, trecht, d'Overiffel, & de Groeninghe, a tous qui
,, ces prefentes Lettres verront, SALUT. Sçavoir fai-

,, fons, que pour la bonne relation que faicte Nous a
,, esté de la personne & qualitez de Nostre cher
,, & bien-amé *Nicolas van der Laen*, premier Bour-
,, guemaitre de Nostre Ville de Malines, & que ses
,, predecesseurs ont servy cy-devant en honorables
,, Qualitez & Charges, signamment feu *Nicolas van*
,, *der Laen*, son pere, en l'Estat de Treforier-General
,, de feue Nostre Grand-Tante, la Royne Douariere
,, de France, Madame Leonor (a qui Dieu par-
,, doint!), tant audict Royaume que ès Pays de
,, pardeça, comme aussi depuis en Espagne, ou
,, elle deceda; & que a tel exemple ledict *Nicolas*
,, *van der Laen* s'etoit adonné doiz son jeusne eage
,, a servir a feu de très-haulte memoire Roy Ca-
,, tholicq, Philippe, le second de ce nom, Mon-
,, seigneur Oncle & Beau-Pere (qui soit en gloire!),
,, tant en Espagne, Italie, que en autres Pays,
,, & nommement au Voyage & Bataille de *Lepante*
,, l'an M. D. septante & ung, s'y trouvant au
,, conflict, ou il receut une blessure qui le mit
,, en peril de sa vie, & que retiré depuis par deça
,, en Nostredicte Ville de *Malines*, lieu de sa naif-
,, sance, il a faict le mesme, & par plusieurs années
,, servy de Bourguemaitre ou Treforier, & aussi de
,, Capitaine & Chef de la Bourgeoisie, & en telle
,, qualité il s'etoit presenté des premiers qui resiste-
,, rent a l'Ennemy, qui en l'an LXXX avoit sur-
,, pris icelle Ville de *Malines*, sans abandonner la
,, place qu'il avoit choisy pour empecher le passaige
,, dudict Ennemy, jusques a ce que, après avoir
,, receu une Arquebusade en sa cuysse, il fut
,, mené en sa Maison par aucuns desdicts Bourgeois,
,, au très-grand danger de sa vie, a cause du mal
,, que lui procuroient lesdicts Ennemys pour la
,, resistence qu'il leur avoit faict, si que a la priere
,, de ses amis il en eschappa parmy le payement
,, de grande rançon. En consideration de tout ce

,, que deffus, & que eftant ledit *Nicolas van der*
,, *Laen* doiz quelques années depuis commis a la
,, Superintendence des Guet & Gerde & ladicte
,, Ville, des Forts y adjacentz, & Soldatz qui y
,, eftoient, il a rendu fi bons debvoirs & offices
,, pour le maintenement de noftre Religion Catho-
,, licque & de obeiffance a leur Prince, que après
,, avoir les Hollandois furprins le quatorzieme d'Oc-
,, bre de l'an M. D. nonanté cincq Noftre Ville
,, de *Liere*, il fe prefenta avec toutte promptitude
,, d'eftre ung des Chefs & Conducteurs de la Bour-
,, geoifie dudict *Malines*, pour par leur moyen &
,, de la Bourgeoifie d'Anvers en chaffer les En-
,, nemys dudict *Liere*, comme lors fut faict par
,, tel moyen, & icelle Ville remife en obeiffance.
,, Nous, veuillans ledit *Nicolas van der Laen*, en ref-
,, pect de tout ce que dict eft, favorablement traiter,
,, eflever, & honorer, l'avons de Noftre motif,
,, par l'occafion de Noftre Joyeufe Entrée audict
,, *Malines*, & après la preftation du ferment du Ma-
,, giftrat d'icelle Ville, faict & créé cejourd'huy
,, Chevalier de Noftre main, par l'Eftocq & Efpée
,, d'honneur. Mefmes, afin que par la memoire
,, que demeurera à fes Enfans, qu'il a receu de
,, Nous telle marque d'honneur, ils & leur pof-
,, terité foyent plus obligez & encouragez a tous
,, vertueux & louables comportemens; & voulons
,, & eft Noftre intention, que d'ores-en-avant il
,, foit tenu & reputé tel en touts fes actes & be-
,, foignes, & joyffe des droits, privileges, liber-
,, tez & franchifes, dont joyffent & ont accouftumé
,, de joyr touts aultres Chevaliers, par touts
,, Nos Pays, Terres, & Seigneuries, fignamment
,, en ces Nos Pays d'embas. Si mandons, & com-
,, mandons a touts Nos Lieutenants, Gouverneurs,
,, Marefchaux, & aux aultres Nos Miniftres, Offi-
,, ciers, & Subjects, a qui ce peult toucher en

G

,, quelque maniere que ce soit, que ledit *Nicolas*
,, *van der Laen* ils laiffent, permettent, & fouffrent,
,, de tout le contenu efdites prefentes pleinement,
,, entierement, & paifiblement joyr & ufer, fans
,, en ce luy faire, mettre, ou donner, ni fouffrir
,, eftre faict, mis, ou donné aulcun deftourbier,
,, obftacle, refus, ou empechement au contraire.
,, CAR AINSI NOUS PLAICT. En tefmoignage de
,, quoy avons figné ces prefentes de Noftre main,
,, & faict mettre Noftre Seel a icelles. Donné en
,, Noftre Ville de Malines le fixieme jour du mois
,, de Decembre l'an de Grace M. D. nonante neuf.
,, *Paraphé* : Rich. vt. *Signé* : ALBERT. *Plus bas* :
,, Par l'Archiducq. *Contre figné* : A. de la Loo.

Defen *Nicolaus van der Laen* hadde getrouwt *Margarita Peeters-van Cats*, Vrouwe van *Laffus* ende van *Onezies*, dochter van *Jeronimus*, ende van *Margarita Favrel*, Vrouwe van *Laffus* ende van *Onezies*; hy ftierf den 17. Mey 1629 out 85 jaeren, ende is begraven in de Parochiaele Kercke van de *HH. Joannes Baptift* ende *Joannes Evangelift* tot *Mechelen*.

Siet voorder over de bovengemelde Blyde-inkomfte, de *Gedenck-Schriften op het Leven van den H. Rumoldus*, bladz. 121.

Bladz. 17. *Lin.* 35.

Joannes van der Laen, Heere van *Schrieck* en *Grootloo* by verhef naer fyns vaders doodt van den 18. Junii 1565, fone van *Nicolaus van der Laen*, Heere van *Hagelfteyn*, ende (by tranfport Brieven van de Majefteyt van den 15. April 1562 naer Paefichen, ende het verhef van den 29. December 1562 van *Schrieck* en *Grootloo*), ende van *Agatha de Huyter*, broeder van den voorfz. *Nicolaus van der Laen*, was in het jaer 1595 Communemeefter der Stadt *Mechelen*, ende Hooft-Man van de Hand-boogh-Gilde, alfwanneer hy met de felve is getrocken tot het ontfetten der Stadt *Lier* ; waer van hy de blyde tydinge in perfoon heeft te kennen gegeven aen fyne Excellentie den Grave van *Fuentes*, die alfdan tot *Cameryck* was, volgens de Commiffie door het Magiftraet aen den felven Communemeefter daer toe op den 16. October 1595 verleent, als te fien is uyt den Andwoord-Brief van den gefeyden Grave (den welcken hier naer fal bygebracht worden), ende uyt de Stadts Rekeninge van het jaer 1596, in de welcke ftaet dit volgende:

„ Bet. den voorfz. Heere van *Schrieck* Commr.
„ voer dat hy is gereyft op den xvi. October 1595
„ deur ordinantie van Myn Eer. Heeren van der
„ Weth naer Bruffel ende voorts naer Cameryck
„ by fyne Excellentie den Grave van *Fuentes* vol-
„ gende fyne Cōmiffie waer over den voorf. Heere
„ gevaceert heeft neghen daeghen komt vyf en
„ veertich gulden by den felven v'leet aen peert
„ hure en andere oncoften volgende fyne fpecifi-
„ ficatie negen en dertigh guld. xvij ft. kompt t'fa-
„ men volgende de quitantie . . . .

Den Arts Hertogh *Albertus* heeft hem daer naer, in naer-denckinghe van het gene hy gedaen hadde in het gefeydt Ontfet van *Lier* Ridder gemaeckt, ende hem geftelt Buyten-gewoonelycken Commiffaris der Monfteringen, waer van hy wilde afftand doen in het jaer 1616, alfdan out zynde 70 jaeren, ten voordeele van eenen van fyne fonen.

Hy ftierf den 10. Julii 1633, ende was in houwelyck geweeft met *Anna Cymon*, Vrouwe van *Diepenfteyn*, te voren weduwe van eerften houwelyck van *Philippus van der Linden*, Waut-Meefter van Brabant, geftorven den 13. Meert 1614, zynde beyde begraeven in de Metropolitaene Kercke alhier, in de vierde Capelle in den ommegang langhs de Noord zeyde, alwaer hun Graf-schrift noch wordt gesien, ende syn *Cabinet d'Armes* ten thoon heeft gehanghen tot in den jaere 1774, alswanneer het selve met alle de Tafereelen, de *Cabinets d'Armes*, en de Lyck-Blasoenen, ter oorsaecke van de vercierselé der selve Kercke voor de opvolgende duysent-jaerige Jubel-Feeste der Martelie van den *H. Rumoldus*, geviert in 1775, is weg genomen.

Bladz. 18. Lin. 2.

In den Register van de Handt-boogh Gilde is dit Ontset der Stadt *Lier* aengeteeckent, als mede de naemen van de Gilde-Broeders die beneffens *Joannes van der Laen*, hunnen Hoofd-Man, naer *Lier* zyn getrocken, het welck aldaer Bladz. 11. gekeert, staet in deser voegen:

,, Boven de gene die gelaeten syn tot bewaer-
,, nis van de Stadt van de omliggende forten in
,, plaetse van de Soldaeten die mede toghen, zyn
,, van den Gulde van den Handtboghe tot dit ex-
,, ploit ende secours uytgetrocken daer memorie
,, van is.

,, Heer Ian vander Laen, voorsz. Overhooftman.
,, Peeter van Doorne, Deken.
,, Alexander van den Bosch, Sergant.
,, Ian van den Houte, Sergiant.
,, Cornelis Bessemeer.
,, Franchois Ponsaert.
,, Godevaerde van Schriek.
,, Willem de Somer.
,, Franchois de Munck.
,, Ian de Somer.
,, Ian van der Strepen.
,, Franchois Blieck.
,, Rombout Vermost.
,, Mr. Dionies Eveloqe.
,, Willem Wabbens.

,, Phls. Vermeulen.
,, Hans van den Schrieck.
,, Rombout van den Hove.
,, Ian van Kiel.
,, Peeter van Loobosch.
,, Aert Otters, den Knape.
,, Ende van de gene die corts daer naer in den
,, Eedt zyn gekomen.
,, Remy de Dryver.
,, Gooris Gootens.
,, Nicolaes van den Eynde, den jongen.
,, Jan van Wichel, den jongen.

Bladz. 18. *Lin.* 4.

Dat de Trommelflagers van de vyf Gilden defer Stadt *Mechelen* zyn medegefonden tot het ontfet der Stadt *Lier*, blyckt uyt de Stadts Rekeninge van 1596, alwaer men leeft:

,, Bet. de Trommelflagers van de vyf Gulden,
,, twee g. eens hunlieden geschoncken voer datfe
,, metter Borgerie alhier mede geweeft, hebben in 't
,, donfetten der Stadt *Liere*.

Bladz. 18. *Lin.* 7.

Carolus de Clerck, Heere van *Boevekercke*, was fone van *Guillielmus de Clerck*, geboren tot *Mechelen*, Heere van *Boevekercke*, van den *Broeck*, van *Locxem* &c., verscheydemael Schepenen, ende Commune-Meefter van *Mechelen*, Ridder geflaghen tot *Namen* door Keyfer *Carel* den V. (met *Joannes Hoodts*, Commune-Meefter, ende *Florentius van der Aa*, Schepenen van *Mechelen*) ten jaere 1544, Stadhouder van den Keyfer in deffelfs Leen-Hof van Brabant des Landts van *Mechelen* by Brieven van den 31. Oct. 1551, Scouteth van *Mechelen* by Eede van den 7. Januarii 1554, overleden den 10. Sept. 1597, ende van *Margarita Schoff*, met wie hy den 23. Augufti 1535 getrouwt was, en die ftirf den 23. Augufti 1598. *Carolus de Clerck* was meermaels Schepenen, Commune-Meester, ende Tresorier van *Mechelen*, ende hadde ten houwelyck *Petronella van Gottignies*, dochter van *Egidius van Gottignies*, Heere van *la Haye*, Commune-Meester van *Mechelen*, ende van *Petronella van Thienwinckel*, Vrouwe van *S.-Geertruyden-Machelen*. Hy stirf den 5. Mey 1602, ende is in de Choore van de Parochiaele Kercke van de HH. *Joannes-Baptist* ende *Joannes-Evangelist* voor den Grooten Autaer met Grafschrift begraeven by *Carolus le Clercq* (in 't Vlaemsch *de Clerck*) synen Groot-vader, van wie men in sekeren grooten Boeck *in Folio*, seer schoon geschreven ende met vele Stam-Wapens ende andere Verçiersels geschildert op Perckement, gebonden in bruyn leder met coper beslaghen, bewaert in de Sacristye der gemelde Parochiaele, hebbende voor opschrift: *Alter Tomus Divinor. Officior. que hoc in Templo a Festo Nativitatis D. Jobis Bapte. occurrut*, op den 1. December bevindt het volgende met de Wapens daer onder:

„ December 1.
Anno tertio & tricesimo post mille quingentos ab eo q. primus humane saluti dedit exordium, Clarissimus Vir Carolus à Clericis, Equestri Baltheo cinctus, Gloriosissimi juxta ac Invictissimi Caroli Quinti, Romanorum Imperatoris Aug., à Consiliis Secretissimis, ac ipsius in Regno Neapolitano Generalis Comissarius, quin etiam Camere Computorū Oppidi Insulani (dum vitam ageret) Preses longe celeberrimus, è vivis sublatus est....; cuius liberi, Guills à Clericis, *Eques itidem Auratus, Dns à* Bovekercke, *Civitatisque Machliniane ex Dynastis unus,* Philibertus à Clericis &c., *patre pientissimo orbati, ut dicti D. Caroli, nobilisq. femine Domne* Anne Annocx, *sui thori consortis castissime, q. moritur A.º* 1537, *parentum eorumdem, sacra hac in Ede celebrior memoria fit, eaq .... donarunt* 1541. .... *Cadavera horum in Parthenone Vestalia à* Blydenberghe *terre condita quiescunt.*

D'azur à la Fasce d'or, accompagnée de 3 Etoiles d'argent.

Le Timbre couronné d'or.

Cimier, une Aigle naissante & éploiée de sable, bequée, languée, & allumée d'or.

SPERANS TIMEO.

Ecattelé au 1. & 4. de gueules à 3 demi Vols d'or au 2. & 3. de gueules à 2. Epées d'argent, gardées d'or: posées en sautoir, les pointes en bas.; sur le tout d'azur à la Fasce d'argent, surmontée de 3 Etoiles de même.

SOLUM DEUM.

Bladz. 18. *Lin.* 11.

Lancelottus van Gottignies, Heere van *la Haye*, was sone van *Egidius van Gottignies*, oock Heere van *la Haye*, Commune-Meester van *Mechelen*, ende van *Petronella van Thienwinckel*, Vrouwe van *S. Geertruyden-Machelen*. Hy trouwde den 27. Julii 1563 *Anna van der Laen*, overleden den 21. Junii 1617, suster van *Nicolaus*, ende van *Ioannes van der Laen*, hier voren genoemt. In het jaer 1569 wirdt hy Schepenen van Mechelen, daer naer Commune-Meester ende Treforier der selve Stadt, ende stirf den 12. Mey 1620.

Bladz. 18. *Lin.* 16.

Iacobus van Cranendonck (ofte *Iacobus Baudewyns* geseydt *van Cranendonck*) was sone van *Baudewyn Iacobi van Cranendonck* (ex matre *van der Lind*), Raed in den Grooten Raede by Brieven van den 28. Julii 1569, overleden den 16. Januarii 1601, oudt 83 jaeren, ende in de Capelle van het H. Sacrament tot S. Rombauts met Graf-schrift ende de 8 Quartieren synder clyn-kinders begraven, ende van . . . . . *Florys*, ex matre *Schoute*.

Hy was meermaels Schepenen, Commune-Meester, Treforier, ende Gesworrnen van de Poorterye van *Mechelen*, ende hadde voor den 19. Januarii 1591 getrouwt *Francisca Cooman*, te voren weduwe van *Petrus Jaecx*, Advocaet in den Grooten Raede, waer van sy behouden hadde *Petrus Jaecx*, Priester, ende Beneficiaet van Zellaer in *S. Rombauts* Kercke, ende *Arnoldus Jaecx*; sy was dochter van *Joannes Cooman* (ex matre *Nieulant*), Raedt in den Grooten Raede by Brieven van den 31. Julii 1570, overleden den 14. Mey 1587, ende van *Isabella de Bruxelles* (ex matre *de Longueville*), gestorven den 7. Junii 1581, beyde in de gemelde Capelle met Graf-schrift ende hunne 8 Quartieren begraeven.

Uyt dit houwelyck heeft hy gewonnen *Balduinus van Cranendonck*, Guardiaen der Minderbroeders tot Brussel ten jaere 1617; *Philibertus van Cranendonck*, Schepenen van Mechelen 1617 ende 1618, getrouwt met *Philippina de Longin*, Vrouwe van *Hove*, waer uyt kinders syn gekomen; ende *Elisabeth van Cranendonck*, in eersten houwelyck getrouwt met *Carolus de Rantre* (ex matre *Artus*), Raedt in den Grooten Raede by Brieven van den 2. Meert 1616, overleden den 24. September 1617, ende in den middel-beuck van S. Rombauts Kercke met Graf-schrift ende syne 4 Quartieren begraeven; ende in tweeden houwelyck met *Franciscus Veranneman*; synde uyt haer eerste houwelyck kinders voorts-gekomen.

Den bovengemelden *Jacobus van Cranendonck* hadde voor ouderen; broeder *Joannes van Cranendonck*, Advocaet in den Grooten Raede, daer naer Raedt in den Souvereynen Raede van Gelderen, ende (by Brieven gegeven tot Berghen in Henegouw den 27. Januarii 1581) Landt-Rent-Meester van Syne Majesteyts Domeynen in Gelderlandt, om by forme van provisie dit Ampt getsaementlyck met syn Officie van Raedts-Heer te bedienen in plaetse van *Thomas Grumaye*, den jonghen, houdende Syne Majesteyts tegen-partye, op conditie dat ingevalle hy laeter in-der-daedt van dit Landt-Rent-Meesterschap voortfien wirde, hy gehouden foude wefen fyne gemelde Plaetfe van Raeds-Heer af te ftappen.

Defen *Joannes van Cranendonck* trouwde *Anna Cooman* (alreede fyne weduwe den 14. April 1595), fufter van de voorgenoemde *Francifca Cooman*, uyt de welcke hy gewonnen heeft *Joannes van Cranendonck*, Lic. in de Rechten, Priefter, Proto-Notarius Apoftolyck, ende (by opene Brieven van den 30. Meert 1601) Canonick der Collegiaele Kercke van den *H. Gommarus* tot Lier (alwaer hy, weynigen tydt voor den 26. Februarii 1607, kocht feker groot Huys by de felve Kercke, genoemt *het Hof van Denemarcken*; om dat het felve ten jaere 1525 bewoont is geweest door *Chriftiernus* Koningh van *Denemarcken*, getrouwt met *Ifabella* van Ooftenryck, fufter van Keyfer *Carel* den V., ende uyt fyn Koning-Ryck verjaeght.), van wegens welk Capittel hy ten jaere 1607 in plaetfe van den Deken als Gedeputeerden tegenwoordig is geweest in de Provinciaele Synode van *Mechelen*; ende *Margarita van Cranendonck*, geftorven den 27. Mey 1610, oudt 37 jaeren, getrouwt met *Joannes van Paffenrode*, Lic. in de Rechten, 43 jaeren ende 7 maenden Secretaris van de Weth, ende 16 jaeren Greffier van de Wees-Camer van *Mechelen*, overleden den 14. Januarii 1621, oudt 71 jaeren, fone van *Joannes van Paffenrode*, Schepenen van *Mechelen*, ende van *Catharina van Orffagben*, beyde in den middelbeuck van *S. Rombauts* Kercke met Graf-fchrift begraven.

Bladz. 18. *Lin.* 17.

Door de *Archiers*, met de welcke *Jacobus van Cranendonck* is gegaen naer de *Parbrugge*, gelooft men verftaen te moeten worden die van de Schermers Gilde, gemerckt die Gildebroeders fomtydts *Archiers*, fomtydts *Hellebardiers* wirden genaemt, waerfchynelyck om dat fy die wapenen gebruyckten.

H

Bladz. 18. *Lin.* 18.

Joannes van Wachtendonck, Heere van *Woudenbroeck*, fone van *Franciscus*, ende van *Barbara Lettin*, Vrouwe van *Woudenbroeck* (die den 9. Julii 1549 't famen getrouwt waren), was geboren tot *Mechelen* den 15. Junii 1550 ten een ure naer noen; ende wynigh meer als 8 jaer oudt fynde verloor hy fynen vader, die den 6. October 1558 in den ouderdom van 30 jaeren overleedt; ende by de Minder-Broeders tot *Mechelen* voor de Choor begraven wirdt.

Ten jaere 1570 begaf hy figh op de Rechten in de Univerfiteyt van *Loven*, in 't jaer 1574 in de ghene van *Douay*, ende den 18. Augufti 1575 wirdt hy Licenciaet in beyde de Rechten in de Univerfiteyt van *Dole* in Bourgondien, ten bywefen onder andere van *Joannes de Blafere*, Raedt in den Grooten Raede tot *Mechelen* (die tot het onderfoeck ende hervorminghe van het Rechts-beftier in den Lande en Graefschap van Bourgondien met eenen Secretaris-Adjoint door den Koninck afgefonden, en ontrent Alder-HH. 1574 daer naer toe vertrocken was), ende van *Henricus van Wachtendonck*, fynen broeder (van wie men hier naer fal handelen), gelyck te fien is uyt den Getuygenis-Brief over de felve Licentie aldaer verleent.

Wedergekeert naer *Mechelen* wirdt hy ten jaere 1578 voor Paeffchen by Ordonnantie van de Weth gecofen Capiteyn over eene der feven Compagnien Catholiecke Borghers, waer van idere beftondt in 300 hoofden; ende alfwanneer dat op den 28. Mey 1579 de Geeftelyckheydt door de Ketters uyt *Antwerpen* geleydt was, ende dit des anderdaeghs tot *Mechelen* groot achterdencken ende vreefe veroorfaeckte dat fulckx aldaer oock foude konnen gebeurt hebben door de fes Compagnien Hollanders alsdan binnen de Stadt fynde, ende dat die van de Weth, beneffens twee Compagnien Walen (die onder het beftier van *Pontus de Noyelles*, Heere van *Bours*, Gouverneur, doen ter tyde oock aldaer laghen) met de notabelfte perfoonen van de Stadt, ende de feven Capiteynen van de Borghers, figh feffens in de Wapenen hadden geftelt, befettende de brugghen ende toeganghen van eenighe ftraeten, gelyck van hunnen cant oock deden de gemelde Compagnien Hollanders, by de welke figh voeghden de Borghers die Ketters waeren, alhoewel doen ter wynighen getalle binnen de Stadt, ende dat de wederfydfche beroerte ende opftand aenftonts foo geweldigh wirdt dat fy op verfcheyde plaetfen handt-gemeyn wirden, foo heeft hy met die van fyne Compagnie verfcheyde uren foodanigh tegens de Ketters gevochten ontrent de Fonteyne-Brugghe, die hy in bewaernis hadde, dat'er wederfydts verfcheyde gefneuvelt ende gewondt, ende onder andere *Antonius Michiels*, fynen Vendrick, feer deirlyck gequetft, ende fynen Trommel-flaegher gedoodt fyn geworden; welck goet beleydt der Catholiecke Borghers foo vele te weghe heeft gebracht dat de fes Compagnien Hollanders door bevel van den Prince van *Oranien*, die dan t'*Antwerpen* was, figh des anderdaeghs uyt *Mechelen* vertrocken; welken aengaende in de Stadts Rekeninghe van den jaere 1580 te lefen is als volght:

,, Betaelt der Conchergie van Stadhuyfe voor
,, d'bereyden van dry banckelen ende maeltyden by
,, der Weth doen beryden jerft xiij Meerte LXXIX pñt
,, eenige Cõmiffariffen van buyten; xxix. Meye infgelycx op Scepeñ Camere gedureñ den trouble
,, van Borghers jegens de Soldaten; eñ ten derden
,, ix. July op fekere coop van houte t'famen p. ordonn. . . . . .
,, Betaelt Hendrick Brant, weert in 't Exterken,
,, van xiij ftoopen Rinfwyns by de Heeren Com-

„ missarissen, by der Weth gecommitteert om op
„ te nemen alle de schulden van de vier Hollantsche
„ Vendelen, alhier als doen liggende, ende vertrec-
„ kende ultima May lxxix tot xxiiij scell. den
„ stoop . . . . .

„ Betaelt Jan van Vuythem, brouwere, van acht
„ toonen biers by hem ter ordinan̄ vand. Weth
„ gelevert 1en Juny lxxix dan dry Hollantsche
„ Vendelen hier vuytsteckende p. ordinan̄. xvj
„ p. xvj ſ.

„ Betaelt Anneken Wyermans, weerdinne by de
„ Coepoorte, van dat de selve ten behoefte van Com-
„ moingnars Marotelle gelevert hoeft den Soldaten
„ en Scutters xlvj potten biers ten pryse van j ſ.
„ x d. den pot in 't vuyttrecken van Hollantsche
„ Vendelen prin̄ Juny lxxix. p. ordonnan. . . .

Den 14. September van den selven jaere 1579
is hy by vernieuwinghe van de Weth Schepenen
van *Mechelen* geworden; doch de Stadt op den 9.
April van het volgende jaer 1580 door de Rebel-
len ingenomen synde, wird hy van alle syne be-
dieninghen afgestelt, mits alsdan geene Catholycke
Dienaers van den Coninck meer in Stadts dienst ge-
laeten ofte aengenomen wirden.

Ondertusschen trouwde hy den 3. Februarii 1581
met *Catharina Cooman*, suster van *Francisca*, ende van
Anna Cooman, beyde hier voren Bladz. 55 en 57 be-
roepen, alsmede van *Margarita Cooman*, in hou-
welyck met *Gaspar van Horne*, Advocaet in den
Grooten Raede, gewesenen Secretaris ende Raedt-
Pensionaris van *Mechelen*, weduwaer in 1. houwe-
lyck van *Guillelmina Staes*; welke *Margarita Cooman*
op den 12. Sept. 1591 in *S. Rombauts* Kercke
begraven wirdt.

In 't jaer 1583 heeft hy van de Rebellen groote ver-
volginghe geleden, soo verre dat *Libertus de Fraisne*,
Heere van *Coelput*, alsdan Schoutetb van *Mechelen*

voor de Rebellen (niet tegenstaende dat desen uyt den hoofde van *Anna Colibrant*, syne moeder, den cosyn germyn was van den vader van *Jan van Wachtendonck*), hem door synen Stadhouder met vyf Dienaers uyt synen huyse heeft doen haelen als gevangen man, hem voorhoudende dat hy was een groot vyandt van den Prince van *Oranies*, ende dat hy eenen brief geschreven hadde teghens Hem, waer om hy hem was heyschende lyf en goet; ende alsoo hy hem in stricter gevangenisse wilde stellen, is daer inne soo veel gedaen dat hy syn huys gehouden heeft voor syne gevangenisse, soo nochtans dat den Raedts-Heer *Cooman*, syn schoon-vader, ende *Barbara Lettis*, syne moeder, hebben moeten borghe blyven voor 10,000 guldens; welcke swarigheydt hy corts daer naer sonder merckelycke schaede ofte eenighe schande is ontgaen.

Den 7. Junii 1585 is hy met meer andere notabele van de Stadt ontboden in den Breeden Raedt op het Stadthuys, alwaer sy hun gevanghen gehouden hebben 24 uren lanck, hun voorhoudende dat sy sochten te appointeren met den Prince van *Parma*, ende dat sy alvoren souden betaelen die gemuyte Soldaeten die in garnisoen laghen, ende de gemeynte teghens den Koningh in Rebellie hielden, heyschende hun tot die betaelinghe 44,000 guldens, welcke somme binnen 14 daghen daer naer is opgebracht by forme van quotisatie, waer toe hy gegeven heeft 40 guldens voor syne quote, die de Stadt hun beloofde wederomme te geven.

De Stadt *Mechelen* op den 19. Julii 1585 weder gekomen synde in de onderdanigheydt van *Philippus* den II., Koningh van Spagnien, is hy *Jan van Wachtendonck* gecosen ende aengestelt geworden tot Schepenen ende Wees-Meester der selve Stadt ende haer District.

Ten jaere 1586 naer Paeſſchen is hy gecoſen Hooft-Man ende Capiteyn van de Jonghen Cruys-Boogh Gilde, aen het hooft van de welcke hy in 't jaer 1596, ten tyde van het ontſet der Stadt *Lier*, bewaert heeft de Schanſe op den Nieuwen-Dyck, gelyck hier voren verhaelt is.

In 't ſelve jaer 1586 wirdt hy in September gecoſen Geſwoornen van de Poorterye ofte Policye-Meeſter, ende Broodt-wegher, alſwanneer hy grooten aerbeydt gedaen heeft door den grooten dieren tydt die doen was, want een Veertel Rogghe gelde doen 20 guldens, ende een Veertel Terwe 25 guldens.

Ten volghenden jaere 1587 in October wirdt hy by Ordonnantie van de Weth gecoſen Fourier-Major ter oorſaecke dat de Stadt by Ordonnantie van den Hove belaſt was in garniſoen te houden 9 Vendelen Spagniaerts, waer mede de Gemeynte ſeer belaſt was, ende onverdragelycke vervolginghe leedt. Hy hadde voor Salaris 3 guldens ter weke boven ſyne uren als Schepenen, ende in het bedienen van dat Officie hadde hy grooten hooft-ſweir, ende was dickwils in peryckel van ſyn leven.

Den 10. October 1590 ſtirf *Barbara Lettin*, Vrouwe van *Woudenbroeck*, ſyne moeder (de welcke in tweeden houwelyck hadde geweeſt met *Jacobus van der Haeghen*, Secretaris Ordinaris in den Grooten Raede), en wirdt begraeven in den middel-beuck van *S. Rombauts* Kercke; mits welck overleyden *Jan van Wachtendonck* Heere van *Woudenbroeck* wirdt.

In 't volgende jaer 1591 wirdt hy van het Broederſchap des H. Sacraments in de Kercke van de *H. Catharina*, onder welcke Parochie hy alſdan woonde in het Huys van *Cranevelt* aen de Sluysbrugghe; ende corts daer naer is hy oock gecomen in diergelyck Broederſchap van 't H. Sacrament in

S. Rombauts Kercke (onder welcke Parochie hy woonde in het Huys van *Mannaerts* in de Beggyne-ſtraete), van welck Broederſchap hy geweeſt is Proviſeur, ende met ſyne huys-vrouwe uytgeſchildert wirdt in een nieuw Vaen van 't ſelve Broederſchap.

Ten jaere 1595 heeft hy gecocht en is hy gaen bewoonen het Huys van den Raedts-Heer *de Meulenaere* in de Vetters-ſtraete aen de Vliete, onder *S. Peeters* en *Pauwels* Parochie, van welckers Kercke hy corts daer naer Superintendent gecoſen wirdt.

Den 9. September van het volgende jaer 1596 wirdt hy, mits het verſetten van de Weth Commune-Meeſter van *Mechelen*, en continueerde in die bedieninghe voor de jaeren 1597, 98, en 99.

Den 4. Februarii 1599 wirdt hy door *Philippus du Chaſteler* geſeyt *le Clercq*, Stadthouder van den Koningh in deſſelfs Leen-Hove van Brabant des Landts van *Mechelen*, geſtelt om deſſelfs plaetſe van Stadthouder in den ſelven Hove te bewaeren.

In 't ſelve jaer 1599, wanneer de Arts-Hertoghen *Albertus* ende *Eliſabeth* op den 5. December hunne blyde Incomſte binnen *Mechelen* deden, ende des anderdaeghs als Heere ende Vrouwe van *Mechelen* gehuldt wirden, is hy naer de ſelve Huldinghe op den Theater, voor het Stadthuys ter dier oorſaecke opgerecht, ende hier voren Bladz. 46 beſchreven, door den gemelden Arts-Hertogh met het Sweerdt van Eere Ridder geſlaghen.

Over allen het welcke hy ten jaere 1608 van de Weth verſocht, ende den 6. Auguſti onder des Stadts Seghel-ter-Saecken becomen heeft de Acte Declaratoire luydende als volght:

„ Commoingmres, Eſchevins, & Conſeil de la Ville
„ de Malines a tous ceulx qui ſes preſentes Lrē
„ verront, Salut. Scavoir faiſons certifians pour las
„ vraye & ſincere verité que comme ainſy ſoit, que

,, en l'an xv. & septante neuff, les Heretiques & Ra-
,, belles, s'estoient advancez en la Ville d'Anvers de
,, rompre & profaner les Eglises Sainctes, & jecter
,, hors dicelle Ville lenthier Clergie, si comme les
,, Doyen & Chanoines de l'Eglise Cathedrale di-
,, celle Ville, Pasteurs & aultres Prestres, Moines
,, & Religieux lors y residens, lesquels embarquez
,, pour la plus grande partie arrivarent subitement
,, & a limporveu en ceste Ville, dont le Magistrat
,, & les comûns Bourgeois & Manants furent telle-
,, ment alterez, & troublés que craindants que
,, semblable inconvenient se porroit aussy attenter
,, icy par les Capitaines & Soldats hereticqs de six
,, Compaingnies Hollandoises qui lors par lordre
,, des Etats, ou pour mieulx dire par l'ordre du
,, Prince d'Orainges tenoient icy garnison avec aul-
,, tres deulx Compaingnies Walones, soubs le Gou-
,, vernement du Sr. de Bours lors Gouverneur de
,, ceste Ville ceulx dudt. Magistrat secondés desdicts
,, Companignies Walones, & des personnes plus
,, notables de lade. Ville, & de sept Capitaines
,, des Bourgeois dicelle se mirent soudainement en
,, armes, semparants des ponts & advenues daul-
,, cuns passaiges dicelle Ville comme au contraire
,, aussy faisoient lesdicts Companignies Hollandoises
,, avecq lesquels se ioindrent & bendoient les Bour-
,, geois herticqs qui lors en petit nombre se retrou-
,, voient en ceste Ville, & fust subitement lesmo-
,, tion & furie des parties si vehemente qu'en plu-
,, sieurs endroits de la Ville lon vient aux mains
,, sentretuants les ungs les aultres & comme entre
,, lesdicts sept Capitaines des sept Compaingnies
,, de la Bourgeoisie Catholicque l'ung diceulx fut
,, alors *Jehan van Wachtendonck* Escuier Sr. de Wou-
,, denbroucq il monstra alors de faict le grand sele
,, & bonne affection quil avoit a la saincte foy Ca-
,, tholicque car avecq ceulx de sa Compaingnie il fut

,, par beaucoup dheures combatant & escarmuchant
,, au quartier de la Ville situe aupres du pont de
,, la fontaine dont luy competoit la garde & defence
,, de sorte que d'ung costé & d'aultre plusieurs en
,, furent tuez que blessez, & entre autres son en-
,, seigne nommé *Anthoine Machils* blessé & aujour-
,, dhuy encoires stroppié & son tambourin tué dont
,, encores pourroient rendre tesmoignaige plusieurs
,, Bourgeois, qui lors y ont été presens comme en-
,, tre aultres ont relaté, dit, & affirmé ledict *An-*
,, *thoin Machils* Enseigne, *Henry Brants* lors Cen-
,, tinier, & *Arnholt Verstraeten* Corporal de lad.e Com-
,, paingnie, & fut par la grace de Dieu & vigilance
,, desdits Capitaines & ceulx de leurs Compaingnies
,, l'affaire si bien demené que le lendemain par lor-
,, dre du Prince *d'Orainge*, qui lors estoit en An-
,, vers, lesdits six Compaingnies se retirarent de
,, ceste Ville a leur tresgrandissime regret; & com-
,, me led.t *van Wachtendonck* at tousjours depuis si
,, bien continué ses bons & leals services, qu'a la
,, joieuse entrée de leurs Altesses Serenissime advenue
,, en l'an 1599 il at été honnore diceulx de la Che-
,, valerie pour avoir été lors aussy Commoingmre
,, de ceste Ville comme il est encoires a present il
,, Nous en at requis luy vouloir faire expedier ceste
,, acte pour sen pouvoir servir & prevaloir la &
,, aussy quil trouvera convenir. Tesmoing de verite
,, avons faict metre le Scel aux causes de ceste dic-
,, te Ville de Malines sur cestes ce sixiesme jour
,, d'Aoust seize cent & huyct.

Signé : PAEFFENRODE.

By Commissie van den 20. Mey 1616 wirdt hy (die onderusschen meermaels Schepenen, Geswoornen van de Poprterye, Wees-Meester, Tresorier, Commune Meester, ende Eersten Geswoornen van de Dekenye geweest hadde, ende nu Voor-Schepe nen was), beneffens *Joannes van der Laen*, Ridder, Commune-Meester, *Judocus van der Hoeven*, Ridder, Schepenen, en *Guilielmus de Ruyfschen*, Raedt Penfionaris Adjoint, gefonden naer *Marimont* om aldaer op den 26. der felve maendt van Hunne Hoogheden in den naem van *Philippus* den III., Koningh van Spagnien, voor *Mechelen* te ontfanghen den Eedt, mitsgaders aen Hun in den naem van den felven Koningh voor *Mechelen* te doen den Eedt van Hulde ende Trouwe, ende dat by voor-raedt ofte het geviel dat defe Landen aen den felven Koningh quamen weder te keeren, gelyck *Philippus* den II., oock Koningh van Spagnien, Synen vader, voorfien hadde by Opene Brieven van den 6. Mey 1598, door de welcke Hy de Nederlanden aen fyne dochter *Isabella* hadde overgefet.

Den Brief van den Koningh van Spagnien tot defe Huldinge, mede den genen van hunne Hoogheden tot het fenden van Gedeputeerde, ende de Commiffie voor de Gedeputeerde wegens de Magiftraet van *Mechelen* waeren als volght:

„ PHILIPPE par la gre de Dieu Roy de Caf-
„ tille, de Leon, d'Aragon, des deux Sicilles, de
„ Hierufalem, de Portugal, de Navarre, et des deux
„ Indes Orientales et Occidentales &c. Archiducq
„ d'Auftrice, Duc de Bourg.ne et de Milan &c. Comé
„ ainfi foit que pour certaines bonnes confidera-
„ tions, et par l'advis des Ser.mes Archiducqz Al-
„ bert et Ifabelle Clara Eugenia Princes et Seig.rs
„ Souverains des Pays-bas, et du Conté de Bour-
„ gongne, Nos tres chiers tres amez Frere et Soeur,
„ il fe trouve convenable au plus grand bien pu-
„ blic defd. Pays et Conté que les Eftatz et fub-
„ iectz d'iceulx prevenans de leur bon gre le temps
„ que lefd. Pays et Conté pourroyent retourner
„ à Nous enfuyte des conditions et claufes de

,, retour appofées aux Lres de transport et ceſſion
,, d'iceux faicte par le feu Phl͞e deuxieme de ce
,, nom de treshaulte et immortelle memoire n͞re
,, tres honoré Seig.r et Pere à n͞red. treschiere et
,, tresamée Soeur Nous facent des maintenant pour
,, lors promeſſe et ferment folemnel d'obeyſſance
,, et fidelité en la meſme forte et maniere que de
,, tout temps ils l'ont preſté a leurs Princes natu-
,, rels, et que pour la multitude et importance
,, d'aultres affaires de nos Royaulmes nous ne pou-
,, vons bonnement prendre et recepvoir en per-
,, fonne led. ferment et faire reciproquement celluy
,, que les Princes defd. Pays et Conté ont ac-
,, couſtumé de prefter aufd. Eftats et fubiectz. Pour
,, ce eſt il que defirans au pluftoft veoir l'effect de
,, la bonne volonté defd. Eftatz et fubiectz en ce
,, que dict eſt, Nous avons c͞omis eſtably et auc-
,, torifé, commettons eſtabliſſons et auctorifons n͞re
,, d. treschier et tresamé Frere l'Archiducq Albert
,, d'Auſtrice, luy donnans plein pouvoir & mande-
,, ment irrevocable, pour en repreſentant n͞re per-
,, fonne en ce que deſſus, recepvoir et accepter
,, de n͞re part et en n͞re nom la promeſſe et fer-
,, ment d'obeyſſance et fidelité ... Eftatz et fub-
,, iectz defd. Pays-Bas et dud. Conté de Bourg.ne
,, au cas et pour le temps de lad. efcheance et
,, reverfion, et de leur prefter auſſi pour nous
,, et en n͞re nom le ferment reciproque tant en g͞nal
,, que en particulier pour led. cas et temps en la
,, forme et maniere accouſtumee, figner tous efcritz
,, et actes à ce requis, et g͞nallement faire en ceſt en-
,, droict tout ce q. Nous mefmes faire y pourrions,
,, fi prefens y eſtions en perfonne, encore quil y
,, euiſt chofe qui requiſt mandement plus efpecial
,, que n'eſt contenu en ces p͞ntes; donnons en oul-
,, tre à n͞red. treschier et tresamé Frere l'Archi-
,, duc pouvoir et auctorité irrevocable de c͞omet-

,, tre et fubftituer en fa place, une ou plufieurs
,, perfonnes à l'effect des fufd. reception et pref-
,, tation de ferment avec ce qui en depend,
,, promettans en parolle de Roy d'avoir pour ag-
,, greable ferme & ftable et d'obferver entretenir et
,, accomplir inviolablement et de poinct en poinct
,, tout ce que par led. Archiduc et par celluy ou
,, ceulx quil aura cõmis et fubftitue en fon lieu
,, en vertu de ces pñtes fera faict negocié et paffé
,, en ce que deffus et qui en depend, fans jamais
,, y contevenir, ny fouffrir y eftre contrevenu
,, directement ny indirectement en quelque forte
,, ou foubz quelque pretexte que ce foit: car tel
,, eft nrẽ plaifir. En tefmoingnaige de quoy Nous
,, avons fignée les pñtes de nrẽ main et les fayct
,, contrefigner par nrẽ Secretaire d'Eftat aux Af-
,, faires defd. Pays-Bas et dud. Conté de Bour-
,, gongne foubfigné, et les feeller de nrẽ Grand
,, Seel a Nos Armories pendant en las d'or. Donné en
,, nrẽ ville de Madrid Royaulme de Caftille le xxiiij.e
,, du moys de Febvrier l'an de grẽ Mil fix cens
,, et quinze. Soubfcript: *Philippe*. Et fur le reply
,, eftoit efcript: Par cõmandement de Sa M.te Catho-
,, lique, et figné: *Jacques Maldonat*. Et eftoyent
,, lefd. Lrẽs feellés du Grand Seel de Sad. Ma.te en
,, cire vermeille pendant en double queue de las
,, d'or et de foye cramoyfie. Plus bas eftoit ef-
,, cript: Cefte copie a efte collaõunee et trouvee
,, concorder à la Patente Originelle de mot à aul-
,, tre; et figné: *Verrycken*.

LES ARCHIDUCQZ.

,, TRes chier et feal. Nous avons voluntiers veu
,, par vrẽ Lrẽ du vij.e de ce mois, que les Com-
,, mumrés Efchevins et Confeil de nrẽ Ville et Cité
,, de Malines, pour fe conformer a la bonne in-
,, tention de Sa Ma.té et a ñre defir et volunté,

,, ayent apporté leur confentement a la reception
,, et preftation du ferment dont les avons fait re-
,, querir par la propofition que dernierement leur
,, en avez fait de nre part et par nre charge. Et
,, ne fcaurions affez vous tefmoingner combien cefte
,, leur prompte obeyffance Nous a efté aggreable.
,, Or eftant befoing pour la mettre en execution
,, que leurs Deputés vinnent au pluftoft devers
,, Nous, vous ne fauldrez de tenir la ferieufe main
,, à fin que incontinent ils procedent à la nomi-
,, nation de leursd. Deputés, pour a tel jour et
,, a tel lieu que Nous ordonnerons et vous ferons
,, fcavoir les envoyer icy deuement authorifés et
,, munis de procure fouffifante en conformité de
,, la minute cy jointe, pour recepvoir de Nous
,, Archiducq au nom de Sa Ma.te lefd. ferment,
,, et le faire reciprocquement en Nos mains comme
,, en Celles de Sad. Ma.te. A tant tres chier et feal
,, nre Sr. vous ait en Sa S.te garde. De Bruxelles
,, le ix.me jour de May 1616. *Paraphé*: Ma. vt.
,, *Signé*: J. Albert. A. Ifabel. *Et plus bas*: Verrycken.
,, *Soubs au marge eftoit efcript:*
,, Depuis Nous avons refolu que lefd. Deputés
,, fe trouvent en nre Ville de Binch le xxv.me de ce
,, mois precifement pour le lendemain recevoir et
,, prefter les fermens que deffus, ce que declaire-
,, rez aufd. de Malines, afin quils donnent ordre
,, que leursd. Deputés ny facent faulte.

La Superfcription eftoit:
,, A nre Tres chier et feal Meff.e *Jacques Liebart*
,, Sr. de *Sommain*, et Prefident de nre Grand
,, Confeil.

,, **A** Tous ceulx qui ces pñtes verront ou
,, orront, les Communemrs, Efchevins, et
,, Confeil de la Ville et Cité de Malines, repñtans
,, le Corps et Communaulté de lad. Ville, Salut;

,, Scavoir faisons, comme ainsi soit que pour cer-
,, taines bonnes consideraõns et par l'advis de tres-
,, haults et trespuissans Princes Albert et Isabel
,, Clara Eugenia Infante d'Espaigne par la grace
,, de Dieu Archiducqz d'Austrice &c. Princes Sou-
,, verains des Pays-Bas et du Conté de Bourgne
,, treshault tresexcellent et trespuissant Prince Phls
,, par la grace de Dieu Roy de Castille, de Leon,
,, d'Aragon, des deux Sicilles, de Hierusalem, de
,, Portugal, de Navarre, de deux Indes Orienta-
,, les & Occidentales &c. Archiducq d'Austrice,
,, Duc de Bourgne et de Milan &c., ait trouvé
,, convenable au plus grand bien publicq desd.
,, Pays et Conté que les Estats et subiects d'iceulx
,, prevenans de leur bon gré le temps que led.
,, Pays et Conté pourroyent retourner à Sa Ma.té
,, ensuyte des conditions et clauses de retour ap-
,, posees aux Ltés de transport et cession d'iceulx
,, fait par fut le Roy Phls deux.me de ce nom
,, de tres-haulte et immortelle memoire à lad. Ser-
,, me Princesse Madame Isabel Clara Eugenia In-
,, fante d'Espaigne &c. facent des maintenant
,, pour lors promesse et serment solemnel d'obeys-
,, sance et fidelité en la mesme sorte et manière
,, que de tout temps ils l'ont presté à leurs Prin-
,, ces naturels, et que pour ne pouvoir Sad. Ma.té
,, pour la multitude et importance d'aultres affai-
,, res de ses Royaulmes bonnement prendre et re-
,, cepvoir en personne led. serment et faire recipro-
,, quement celluy que les Princes desd. Pays et
,, Conté ont accoustume de prester ausd. Estats
,, et subiectz, desirant icelle Sa Ma.té au plustost
,, veoir l'effect de la bonne volonté desd. Estats et
,, subiectz en ce que dict est, auroit commis,
,, establÿ, et auctorisé led. Ser.me Archiducq Al-
,, bert, et luy donné plain pouvoir et mandem.
,, irrevocable pour en repntant la personne de Sad.

„ Ma.té en ce que deſſus, recepvoit et accepter de
„ Sa part et en Son nom lad. promeſſe et ſerment d'o-
„ beyſſance et fidelité des Eſtatz et ſubiects deſd.
„ Pays-Bas et dud. Conté de Bourg.ne au cas et
„ pour ladicte eſcheance et reverſion et de leur
„ preſter auſſi pour Sad. Ma.té et en ſon nom le
„ ſerment reciproque tant en gñal que en par-
„ ticulier pour led. cas et temps, en la forme et
„ maniere accouſtumée, ſigner tous eſcripts et ac-
„ tes a ce requis, et gñalement faire en ceſt en-
„ droict tout ce q. Sad. Ma.te meſme faire y pour-
„ roit ſi pût y eſtoit en perſonne encor quil y euſt
„ choſe qui requiſt mandem. plus eſpecial que n'eſt
„ contenu es Lrés patentes de procure que Sad.
„ Ma.té en a donné aud. S.me Archiduc avec pou-
„ voir et aucte irrevocable de comettre et ſub-
„ ſtituer en ſa place une ou pluſieurs perſonnes à
„ l'effect des ſuſd. reception et preſtation de ſer-
„ ment, laquelle procure deſirans Leurs Al.ſes met-
„ tre en execution Nous auroyent fait declarer
„ come auſſi aux aultres Eſtatz chũn en ſa Pro-
„ vince l'intention de Sad. Ma.te et la Leur en ce
„ que dict eſt afin q. envoyaſſions nos Deputez en
„ la Ville de Bruxelles ou la part que Sad. Al.te
„ ſe trouvera avec pouvoir ſouffiſant pour recep-
„ voir de Sad. Al.ze Monſeigneur l'Archiduc en la
„ qualité que deſſus au nom de Sad. Ma.té led.
„ ſerment et le luy preſter reciproquem. de nre
„ part au nom de Sad. Ma.té au cas et pour le
„ temps de lad. eſcheance et reverſion, et faire
„ à ceſt effect toutes choſes requiſes et neceſſai-
„ res. Nous voullans en toute humilité obeyr et
„ ſatisfaire au vouloir et bon plaiſir de Leurſd.
„ Al.zes comme bons et loyaulx ſubiectz, avons
„ apres comunication ſur ce tenue par enſemble
„ unanimem. conſenti a ce q. deſſus et conclu d'en-
„ voyer noz Deputez vers Sad. Al.ze, ayans a ce

,, choyſi et deputé *Jehan van' Laen* Ch.r Commu-
,, nemré, *Jehan van Wachtendonck*, et *Joſſe van' Hoeve*
,, Chlrs et Eſchevins et Mr. *Guilliaume Ruyſchen*
,, Penſionaire de la Ville et Cité de Malines; en don-
,, nant à iceulx et chûn deulx plain pouvoir et
,, mandem. eſpecial et irrevocable de comparoir
,, pardevant ſad. Al.ze Monſeigneur l'Archiduc Al-
,, bert, et illec recevoir de Luy en la qualité que
,, deſſus et au nom de Sad. Ma.té ſerment d'entre-
,, tenir et obſerver tout ce que Sad. Al.ze a ſa re-
,, ception a juré et promis en ghal et en particulier
,, au cas et pour le temps de lad. eſcheance et
,, reverſion, moyenñ. laquelle promeſſe et ſer-
,, ment leſd. Deputés Luy feront de nre part et en
,, nre nom promeſſe et ſerment reciproque de auſſi
,, tenir et obſerver tout ce que par ci-devant nous
,, avons promis et juré a Leurſd. Al.zes a quoy nous
,, avons auctoriſé et auctoriſons noſd. Deputés par
,, ceſd. pñtes, promettans de tenir ferme et ſtable
,, tout ce que par noſd. Deputés ſera en ce q.
,, dict eſt et qui en depend fait, juré, et promis.
,, En teſmoing. de ce nous avons faict ſeeler &c.
,, et icelles faict ſignr. &c., ce xx. jour de May
,, 1616.

Den 14. December van het ſelve jaer 1616 is hy van wegens de Stadt *Mechelen* met andere ſyne mede broeders in Weth gereyſt naer *Loven* tot vereeringhe van de Licentie van den ſone van wylen *Henricus van Wachtendonck*, ſynen broeder, van wie hier naer ſal geſproken worden. Dit getuyght de Stadts Rekeninghe van den jaere 1617 in deſer voeghen:

,, Bet. voir de verteerde coſten, wagen-vracht,
,, ende anderſints van Jonck Heer *Willem van Ma-*
,, *rode*, Commr., Heer *Jan van Wachtendonck*,
,, Ridder, Voirſchepen, Heer *Joos van der Hoeven*,
,, Ridder, jeerſte Geſworen van Dekenye, met

,, Jonck - Heer *Cofmas van Prant*, Heer van *Blaefvelt*,
,, Treforier, fynde op den 14. Decemb. 1616 gereyſt
,, naer Loven tot veeringe van Licentie van fone
,, van wylen Jonck-Heer Henrick *van Wachtendonck*,
,, eertyden Comonimr. defer Stede volgen dordon
,, lxix p. xij f.

Den 5. Februarii van den volghenden jaere 1617, wefende Sondagh, was hy met *Joannes van der Laen*, Ridder, Commune-Meefter (meermaels hier voren vermelt), *Philippus Snoy*, Heere van *Oppuers*, Treforier (getrouwt met de Vrouwe van *Poederlé*), ende *Paulus van Chriſtynen*, Raedt-Penſionaris, als gecommitteert tot vereeringhe van Stadts weghen, tegenwoordigh in de Choore der Cathedraele Kercke van *Ghent*, als *Matthias Hovius*, Arts-Biſſchop van *Mechelen*, den Eerweerdighſten Heere *Jacobus Boonen*, Dom-Deken van S. Rombauts, ende Geeſtelycken Raedts-Heer in den Grooten Raede, aldaer ingewydt heeft tot Biſſchop van het felve *Ghent*, aen wie ter dier oorfaecke, oock van Stadts weghen, geprefenteert wirdt eenen vergulden Kop met deckfel, gecoſt hebbende 223 guldens en 9 ſtuyvers. Waerfchynelyck dat die Gecommitteerde den 3. Februarii van *Mechelen* vertrocken waeren, want in de gemelde Stadts-Rekeninghe van 1617 ſtaet als volght:

,, Bet. voir de verteerde coſten, wagen-
,, vracht, en anderſints van Heeren Gecommitteer-
,, de, te weten Heer *Jan van der Laen*, Ridder,
,, Comoimr., Heer *Jan van Wachtendonck*, Ridder, Voirſchepen, Jonck-Heer *Phls Snoy*, Heere
,, van Poederlé, Treforier, met Heer en Mr. *Pauwels van Chriſtynen*, Penſionaris defer Stede, ge-
,, weeſt hebben op den 3. February 1617 tot veeringe
,, der Confecratie van Eerſten Heere *Boone*, Biſ-
,, fchop tot *Gend*, volgen dordon j .liii p. viij f.

,, Bet. Mr. Dirick van Eecke de jonge voir een

,, ɤgulden Kop. metten dexel, die van defer Stadt
,, wegen gep'teert is aen' Eerweerdichften Heere
,, Myn Heere *Boone* op fyne Confecratie als Biffchop
,, van *Gendt*, volgen' d'ordon' en quitan' ij‹. xxiij p. ix f.

Den 20. Aug. 1617 wirdt den Commune-Meefter van *Wachtendonck* door *Joannes van den Eynde*, Raedt ende Rent-meefter generael van de Domeynen van *Mechelen*, door ordonnantie van hunne Hoogheden *Albertus* en *Elifabeth* begiftight met eene Goude Ketene van ontrent 300 guldens, ende dat om de goede dienften door hem gedaen; gelyck hy *Jan van Wachtendonck*, even eens als bynaer allen het ghene hier van hem vermelt is, felfs naukeurigh aengeteeckent heeft in feker Boeckxken handelende van fyne Familie, in clyn *Folio* op Parckement gefchreven, ende met Stam-Wapens gefchildert.

Hy ftirf den 19. Februarii 1622, vyf maenden naer *Catharina Cooman*, fyne huysvrouwe, de welcke op den 14. September 1621 overleden was; ende wirdt by haer begraven in de H. Sacraments-Capelle van S. Jans Kercke tot *Mechelen*, alwaer hunnen Serck-fteen met Quartieren te fien is, ende noch tot over eenighe jaeren ten thoon gehanghen heeft fyn Ridderlyck Cabinet van Wapenen.

Bladz. 18. Lin. 22.

Joannes van Laethem, Heere van *Liefkenrode*, Schouteth van *Mechelen* by abfoluten afftant van den bovengenoemden *Philippus du Chafteler* gefeyt *le Clercq*, ende daer op gevolghden eede van den 26. April 1594, wirdt op den 6. December 1599, ter oorfaecke ende op de maniere als boven, door den Arts-Hertogh *Albertus* Ridder geflaghen. Hy was fone van *Joannes van Laethem*, ende van *Catharina van Udekem*; ftirf den 20. December 1618, ende light met *Magdalena de Haynin* (*ex matre* Peeters), fyne huysvrouwe, Vrouwe van *a Cocquerie*, op den 26. Mey 1624 overleden, by de Arme Clariffen tot *Mechelen*, aen den kant van den Epistel van den Hooghen Autaer, onder eenen blauwen Serck-steen, waer op hunne Afbeeldtsels in Ridderlyck gewaet met hunne Stam-Wapens uytgehouwen syn, begraven; synde onder andere kinders uyt dit houwelyck voortsgekomen *Joanna van Laethem*, Abdisse van *Roosendael* by *Mechelen*; in de Kercke van welcke Abdye tegens den muer aen den rechten cant van den Hooghen Autaer t'haerder eere opgerecht is een treffelyck Gedenck-stuck van witten marber, verbeeldende de Droefheydt (*Luctus*) door eene Vrouwpersoone, hebbende in de slincke handt een gulde brief-rol, waer op in swerte Hooft-letters staet:

ECCE IACET
IN HOC FVNDO
QVÆ EX FVNDO
TEMPLV' HOC
ÆDIFICAVIT.

Leeger aen de rechte zyde siet men de Doodt, houdende eene *Ovale* met het Afbeeldsel van de overledene in *bas-relief*; aen den slincken cant een Kindt oft Engeltien, houdende haeren Wapenschildt met dese Sin-spreuck: IN VREDE LAET HEM; ende onderwaerts dit Grafschrift:

REVERENDA ADMODUM AC NOBILIS DOMINA
IOANNA VAN LATHEM,
XXXIV. ABBATISSA HUIUS MONASTERY:
QVÆ CONVENTUM SUUM LXXX ANNIS EXULEM,
XXV. IUNY A°. XVIC.IX. IN PROPRIA REDUXIT,
ET DUODECIMA AUGI ANNO XVIC.LXII.
ÆTATIS LXXV. PROFESSIONIS LVIII. DIGNITATIS XXIII.
MORIENS IUBILARIA
(*Scitum Nominis sui reapse exprimens*)
IN PACE RELIQUIT IPSUM.
PRECARE UT ET IPSA
IN PACE RELINQUATUR.

Ende voor den Grooten Autaer in 't midden van de Kercke op eenen witten marberen Serck-steen, draegende wederom het gemelde Wapen (*d'argent à la Fasce d'azur, accompagnée de 18 Hermines de sable, 9 en chef, posées 5, 4, et autant, rangées de même, en pointe*), ende Sin-spreuck, leest men het volgende oock in swarte Hooft-letters:

Pacis amans et amata suis Antistata fructus
   Pacis et in vita digna videre fuit.
Funditus eversum ex zelo cum fœnore Templa
   Erexit, sacras restituitque Domos:
Sentiat eternam ventura in secula pacem,
   Hic pacis quæ tam grande relinquit opus.

De acht Quartieren ofte opclimmende Voor-ouders van dese Abdisse waeren:

Lathem.	✸	*Haynin.*
Gysbrechts.	✸	*Riveau.*
Udekem.	✸	*Peeters.*
Liefkenrode.	✸	*Pelt.*

Bladz. 18. *Lin.* 23.

Henricus van Wachtendonck, geboren tot *Mechelen* den 28. September 1551, broeder van *Joannes* makende den naest-lesten artykel, was meermaels Schepenen ende Commune-Meester van *Mechelen*, ende wirdt, by afstandt van den voorgenoemden *Philippus du Chasteler* geseyt *le Clercq,* Schouteth van *Mechelen* voor de jaeren 1591, 92, en 93. Syne huysvrouwe was *Catharina van der Hoeven,* dochter van *Ludolphus,* ende van *Judoca van der Beken,* by de welcke hy onder andere kinders verweckte *Joannes van Wachtendonck,* Bisschop van *Namen,* daer naer Arts-Bisschop van *Mechelen,* den 25. Junii 1668 overleden. De acht Quartieren ofte opklimmende Voor-ouders van desen Arts-Bisschop waeren:

Wachtendonck.	✿	*Van der Hoeven.*
Colibrant.	✿	*De Vos.*
Lettin.	✿	*Van der Beken.*
Van der Straeten.	✿	*De Gorter.*

Hy heeft in't licht gegeven seker Boeck, draegende voor Tytel: *La Bellone Belgique, contenante la prinse des Villes Calais, Ardres, et Hulst. La prinse & reprinse de la Ville de Liere. La retraite de la Paix du Pays-bas. Eglogue. Sonnets sur la diversité du temps. Description d'aucunes cruautez perpetrées par les Huguenots au Pays-bas. Dediée à S. A. Ill. l'Archiduc Albert, Cardinal d'Austrice. Par* Henri de Wachtendonck, *Escuyer, Communemaistre de la Ville de Malines. En Anvers chez Antoine Thielens, à l'Estruche d'or.* 1596., op 100 bladz. in 4°.

In dat werck vindt men onder andere, bladzyde 35 ende volgende, *La prinse et reprinse de la Ville de Liere,* welck Gedicht om de schaertscheydt van het Boeckxken, ende de besondere omstandigheden daer in begrepen, hier gansch wordt ingelast:

CHANT
SVR LA PRINSE
ET REPRINSE DE LA
Ville de *Liere*, auenue le quatorzieme jour d'Octobre, 1595.

,, SVS sus ma Muse, il faut chanter à ceste fois
,, Le courage viril du peuple *Malinois*:
,, Il faut chanter aussi l'heroique courage
,, Du peuple *Antuerpien*, qui sans mercede ou gage,
,, Par l'aduertissemēt du desastre auenu,
,, Dans *Liere* à ses voisins dommageable cognu
,, Ont volontairement mis en hasard leur vie
,, Pour en temps deliurer hors de la tyrannie
,, Du sectaire Huguenot le Bourgeois *Lyrien*,

,, Qui fans eux balançoit de perdre corps & bien.
,, Il faut, dis-je, chanter de fa ville la prinfe
,, Faite par *Haroguier* : il faut & la reprinfe
,, Faite auffi en vn jour par *Maline* & *Anvers*.
,, Sus sus doncques ma Mule, entonne ces miens vers:
,, C'eſtoit vn Samedi, quatorzieme d'Octobre,
,, En l'an nonante & cincq, que d'vn infame opprobre
,, *Liere* Ville en Brabant fut par vn rufé tour
,, Prinfe par *Haroguier* au premier point du jour.
,, *Haroguier* qui auoit neuf cents hommes d'élite
,, Tant à pied qu'à cheual, les anime & incite
,, A fe monſtrer vaillans au complot clandeſtin
,, Qu'il vouloit exploiter fur *Liere* ce matin.
,, Trois cents foldats pietons, & vne compagnie
,, De cheual, font la nuict de *Breda* leur fortie :
,, De *Berghe* fur le *Zoom* fortent deux cents foldas ;
,, Cent de *Geertruyen-berghe* auec vn aiſlé pas :
,, Cent fortent de *Heufden* : de *Willemſtadt* de même
,, Cent aultres fans delay font leur deuoir extreme
,, Pour fe trouuer enfemble en *Sainct Iob* fur le *Goor* :
,, Où que le Capitaine *Haroguier* (dis-je) or'
,, Craintif, ores boüillant d'vne pillarde rage,
,, L'vn & l'autre foldat au pillage accourage :
,, Et comme Chef hardi, & conducteur expert,
,, Il marche accompaigné de *Meyboreh*, de *Lambert*,
,, De *Daman* de *Beringe*, & d'autres Capitaines,
,, Jufqu'au lieu defigné, & de longues haleines
,, Trente hommes de fes gens s'auanturent dans l'eau,
,, Et la paſſent foudain, cependant qu'au berceau
,, Chés la mere l'enfant prend fon repos paifible.
,, Ainfi cela fe fait comme chofe inuifible.
,, Ils vont tout doucement cottoyant le rampart,
,, Sans oüir quelque bruict du bourgeois ou foldart.
,, Ils trompent en montant l'aueugle fentinelle,
,, Ils l'égorgent, & puis par vne longue efchelle
,, Ils augmentent leur nombre, à fin de s'aſſeurer
,, Du portail *Malinois* ; par où ils font entrer

„ Tôt 'apres le surplus de leur infanterie
„ Auec six vingts chevaus : chacun d'eux à l'enuie
„ Crie, Ville gaignée : & le bruict du tambour
„ Eueille le Bourgeois à la pointe du jour.
„ Et pour intimider ce peuple d'auantage,
„ (Par dessus le concept d'vn violent outrage,
„ Qui s'est bien tôt apres commis deuant leurs ieus)
„ Il met la ville en feu en trois & quatre lieus.
„ *Alonse de Luna*, Gouuerneur de la place,
„ Oyant de l'Huguenot la temeraire audace,
„ Sorte de sa maison, pour d'vn cœur genereus
„ Repousser viuement ces heretiques Gueus.
„ Le marché il empiete, il attend assistance:
„ Mais plus qu'il ne peut croire, il y trouue resistance.
„ L'Huguenot combatant pour butin acquerir,
„ *Alonse* ne voulant sans se vanger mourir,
„ Se vont entrechocquant d'un si aspre courage,
„ Qu'or l'Huguenot s'enfuit ; ores tournant visage
„ Sur *Alonse* fuyant (qui ne peut soustenir
„ Sa force qu'il voyoit trop forte deuenir),
„ Luy fait quiter la place, & d'elle se faict maistre.
„ *Alonse* preuoyant le malheur de son estre,
„ Dit à hautaine voix : Citadins & soldars,
„ Retirons nous d'icy : un courage de Mars
„ Ne nous peut proffiter ; seroit en vain combatre
„ Contre celuy qui a trente hommes contre quatre.
„ Ayant ce dit, soudain & moins d'vn tourne main
„ Abandonne auisé l'ennemi inhumain :
„ Et pour renforcement & garde de la Ville,
„ S'empare (en delaissant sa femme & sa famille)
„ De la porte *Lisper*: à fin de soustenir
„ Au besoing quelque assaut qui pourroit suruenir.
„ Mais comme l'ennemi d'vne boüillante rage
„ De maison en maison s'addonnoit au pillage,
„ Le vaincu qui sembloit perir en son mal-heur,
„ Rauit bien tôt apres la victoire au vainqueur :
„ Car comme il se voyoit plongé en tel desastre

,, Qu'vn viril refifter ne le pouoit remettre
,, En france liberté; d'une plaintiue voix
,, Il fe dueille en difant: O Dieu, à cefte fois
,, Vien fecourir ton peuple, & par ta prouidence
,, Renuerfe les deffeins d'vne Gueufe arrogance.
,, Fais, ô Dieu, maintenant que fon ambition
,, Produife effect contraire à fon intention.
,, Tu peus, ô Dieu, tu peus fans moy liurer bataille;
,, Tu peus fans moy dompter cefte auare canaille.
,, Seigneur, ce n'eft la peur, ce n'eft l'extremité
,, Où je me vois reduit, ce n'eft la cruauté
,, Que je crains encourir, qui me fait à cefte heure
,, Regretter les effects d'vne telle auanture;
,, Mais c'eft l'occifion, le ravage arrefté,
,, Que deura endurer cefte pauure cité,
,, Qui me faict maintenant iecter cefte priere.
,, O Dieu, fois donc propice à ma grande mifere:
,, Toufiours les affligés te font leur protecteur,
,, Les foldats leur fouftien, les bourgeois leur tuteur:
,, Pour toy, Seigneur, la mort me fera aggreable,
,, Le viure fans honneur à iamais deplorable.
,, Ainfi que ce regret, ce pitoyable pleur,
,, Se iectoit hautement du centre de fon cœur,
,, L'ennemi cependant le fomme pour fe rendre:
,, Mais en vain: car il veut jufqu'à la mort defendre
,, La porte où qu'il eftoit. Ainfi que par trois-fois
,, *Alonfe* auoit efté fommé du Hollandois,
,, Voici foudainement vn fecours volontaire
,, D'vn peuple *Malinois* & d'*Anuers* neceffaire,
,, Qui fe vient prefenter aux ieux de fes tyrans,
,, Confufement fans Chef par les rampars courans.
,, *Haroguier* repofant fans arriere penfée;
,, Repos luy fait avoir fa victoire paffée:
,, Il ne penfe rien moins qu'au fecours du bourgeois
,, Fait par l'*Antuerpien*, & par le *Malinois*.
,, Si tôt que dans *Maline* arriua la nouuelle,

,, Auſſi tôt le bourgeois d'vne viteſſe iſneſle
,, S'aſſembla, pour ſoudain la ville ſecourir,
,, La reprendre par force, ou ſur le lieu mourir.
,, Huit cents bourgeois hardis, & le Communemaiſtre
,, *Van der Laen*, & ſon frere, en ordre ſe vont mettre;
,, Au ſon du tabourin les Sieurs *Kauſer*, *Walroy*,
,, Suiuent d'un zele ardant à cheval ceſt arroy.
,, Cent ſoldats enrollez aux gages de la Ville,
,, S'y trouvent quant & quant auec leur Sergeant *Gilles*
,, Qui par commandement ont delaiſſez les forts
,, Qu'ils tiennent pour *Maline*, encontre les efforts
,, Du voleur épiant, dont ſon beſtial vtile
,, Sans eux ſouuente-fois en ſerain jour ſe pile.
,, *Charle de Bouuekercke*, & pluſieurs fermentés
,, Adroits Harquebuſiers de ſa *Gulde*, ont eſtés
,, Au fort de *Hareſchans*, qui deux jours volontaires
,, L'ont voulu preſerver contre tous adverſaires.
,, *Lanſlot de Gottignis*, ſes ſubjets Eſcrimeurs,
,, Sur le fort du *Blockhuys* a contre tous voleurs
,, Deux jours pareillement fait aſſeurer la place.
,, *Jehan de Wachtendonck* d'vne virile audace
,, De ſes Arbaleſtriers occupe à méme fin
,, Le fort de *Nieuwendyck*. *Cranendonck* Eſcheuin
,, Au fort du *Paſſe-brug* enuiron la veſprée
,, Fit avec les Archiers une nuictale entrée.
,, De ces forts que ie dis, deux ſur le *Neckerſpoel*
,, Sont baſtis, autres deux & ſur le *Penepoel*,
,, Qui ſont plus qu'on ne penſe à la Ville duiſable.
,, Ainſi cela fut fait par accord aggreable
,, De tout le Magiſtrat, qui trouua conuenir
,, De faire par tels Chefs tous ces forts maintenir.
,, Cependant dans *Maline* arriua de *Bruſſele*
,, En poſte diligent le Baron *de Boextele*,
,, Gouuerneur dudict lieu : à fin d'eſtre auiſé
,, Tant mieus de ce deſaſtre & eſclandre paſſé;
,, Et de mettre tel ordre en ceſte concurrence
,, Entre ſes citoyens, que par ſa nonchalance

L

,, Quelque inconuenient ne leur puiſſ ſuruenir,
,, Eſtant donc arriué, il fit chés luy venir
,, *Henry de Waehtendonck*, qui par ſon ordonnance
,, Comme Communemaiſtre en toute diligence
,, Sa charge effectua : bon ordre fut donné
,, Dans la Ville, & dehors : le bourgeois étonné,
,, Craintif, ores hardi, or' reprenant courage,
,, Ponderant le danger du prochain voiſinage.
,, Va marchant animé juſqu'au fort d'*Anderſtat* :
,, Où il fut reſolu de donner le combat
,, Contre ceſt ennemi, qui ne s'eſtoit faict maiſtre
,, De la porte *Liſper*, eſperant de s'y mettre
,, Sans perte de ſes gens encor ce même ſoir ;
,, Mais il fut abuſé d'un temeraire eſpoir.
,, Où il fut reſolu (dis-ie) ſans plus attendre
,, De traverſer la Nete, & ſeulement de prendre
,, Volontaires Bourgeois, qui ſans induction
,, Seroyent deliberez de vraye affection
,, Secourir leurs voiſins : ils trauerſent la Nett
,, Subtilement, & font à Dieu ceſte requéte :
,, O Dieu, tu nous cognois, tu cognois noſtre cœur,
,, Fais que ſoyons vainqueurs aujourd'huy du vain-
   ,, queur.
,, Ce dit, de loing ils voyent vne Eſpaignole enſeigne
,, Sur la porte ondoyer, lors d'vne roide haleine
,, Le *Malinois* ſe joinct auec l'*Antuerpien*,
,, Pour par force gaigner le rampart *Lyrien*.
,, L'*Antuerpien* eſtoit en guerrier equipage
,, De deux mille bourgeois, qui d'vn hardi courage
,, Fut conduit par les Sieurs *de Berchem*, *de Baſſa*,
,, De *Melchior de la Croix*, et *Gille de Mera*,
,, *Iaſpar de Mondragon*, tres-vaillant Capitaine,
,, Deux-fois-cent Eſpaignols de ſon Chaſteau ameine:
,, Et, comme conducteur, il marche deuant eux,
,, Il les enhorte tous de faire à qui mieux mieux.
,, L'Huguenot ébahi de voir vn ſi grand nombre
,, D'hommes parmi les champs, ne ſcachant quel
   ,, encombre

,, Luy pouroit suruenir, sans delay chacun d'eus
,, S'enfuit sans coup ferir: lors d'vn cœur belliqueus
,, *Maline* le poursuit, & *Anuers* pesle-mesle
,, Entre quant & quant elle en la cité fidele,
,, Et à teste abaissée en furieus combats
,, Poursuiuent l'ennemi, comme vaillans soldats.
,, L'ennemy, qui de peur auoit iecté par terre
,, Haquebutte, & espée, & pique, & cimeterre,
,, Crie misericorde: ains son malheureux sort
,, (Iuste punition) le meine à pire mort.
,, En route il se voit mis: sans perte d'vn seul homme
,, Le *Malinois* tousiours estocade & assomme
,, Le soldat Huguenot, l'*Antuerpien* aussi
,, Tue tous ceux qu'il voit, sans en prendre à merci.
,, L'un d'vn haut bouleuert en bas se precipite
,, En froissant teste & bras; l'autre son butin quite,
,, & se iecte dans l'eau, pour sa vie sauuer:
,, Mais là où qu'il se cache, on le scait bien trouuer.
,, Si quelqu'vn d'avanture échappe par vitesse
,, Par nage, ou autrement ceste guerriere presse,
,, Il ne peut toutesfois échapper tellement,
,, Qu'il ne souffre la mort, ou continuel tourment:
,, Ainsi que peu d'entre eux d'un si sanglant carnage
,, Porterent dans *Breda* ce funebre message,
,, Haroguier sans cheuaux, sans armes, sans valet,
,, Pour, comme leur Chef, témoigner de ce fet.
,, Le combat acheué, & la Ville asseurée
,, A l'entour, & du lieu de la premiere entrée,
,, L'Espaignol & Walon, le bourgeois épeuré
,, D'un mal-heur tant soudain se voyant deliuré,
,, Sortent de leurs maisons pour en ferme asseurance
,, De ce Dieu tout puissant contempler la vengeance;
,, La vengeance sur ceux qui & tresor & bien
,, Sacrileges ont prins dans le Temple Chrestien.
,, L'un comme demi-mort dans l'eau la mort appelle;
,, L'autre tout demembré d'un triste cœur panthelle:
,, L'vn gist icy sans chef; l'autre est au front blessé:

„ L'vn eſt de part en part dans le ventre percé ;
„ L'vn ſans iambes, ſans pies, ſur ſes mains il ſe traine;
„ L'autre prie qu'on vueille abbreger ſa grand' paine:
„ L'vn trop tard ſe repent du concept arreſté ;
„ L'autre deſeſperé voudroit n'auoir eſté
„ Creé au monde, il appelle à ſon aide derniere
„ Le diable & ſon enfer, & ſon vangeur tonnere.
„ O ſpectacle cruel, duquel de luy horreur
„ Pourroit faire émouuoir d'vn Scythien le cœur!
„ La Parque filandiere en l'eſpace d'vne heure
„ Pour plus de cincq cens Gueus ordonna la demeure:
„ Ie ne parle de ceux, qui autour d'*Herental*,
„ Et ailleurs, ont finis leur dernier jour fatal.
„ L'effroy a eſté grand de ceſte tragedie,
„ Le deſaſtre ſubit d'une iuſte furie.
„ Cependant ces corps morts ſoudain ſont dépouillés
„ Des bourgeois, qui n'eſtoyent pour ſoldats enrollés.
„ Pour cognoiſtre les Chefs, qui morts giſoyent
„ par terre,
„ Commandement ſe fait, à fin qu'on les enterre.
„ Enterrez, on en peſche encor journellement,
„ Qui s'eſtoyent dedans l'eau plongés trop vitement.
„ On y peſche velours, & fins draps d'Angleterre :
„ On y peſche l'habit du commun populére.
„ Le butin rapineus, le larcin de ces Gueus,
„ Ainſi on le recouure ; ainſi le mal-heureus
„ Qui en vne heure eſtoit plus pauure qu'vn Arnée,
„ En ſix heures heureus l'a faict la deſtinée.
„ Quelle metamorphoſe ! ô Dieu quel changement
„ Au vaincu, de ſe voir vainqueur en vn moment !
„ Ce n'eſt point choſe humaine, elle eſt comme diuine:
„ Dieu iamais ſans vn mieux ſes amis ne ruine.
„ Chantons doncques bourgeois, rendons graces à
„ Dieu,
„ Qu'il nous a l'ennemi enchaſſé de ce lieu.
„ Chantons tous d'vn accord la bourgeoiſe victoire,
„ A elle le proffit, à Dieu l'honneur & gloire ;

„ A elle la couronne, & le fueillu chapeau
„ D'vn chene, dont Iuppin maitrise son rameau:
„ Comme l'ancien Romain, qu'il l'aye pour trophées
„ Qu'il soit à son retour accompaigné des fées.
„ Venés doncques Romains, venés Atheniens,
„ Venés Dardaniens, venés Arcadiens,
„ Venés voir maintenant la Nymphe Hamadriade,
„ Venés voir l'Oreade, & la belle Driade,
„ Qui chantent d'vn accord la magnanimité
„ De ce peuple, qui a son ennemi dompté :
„ Et toy, ma Muse, aussi prens ta harpe d'yuoire,
„ Et de tes doigts mignars resonne la victoire,
„ Courre par l'vniuers, fais retentir les cieus
„ De ce que tu as veu en vn jour de tes ieus.
„ Eschele le Parnasse, & dis à ta compaigne,
„ Qu'elle engraue ces vers au roc de la montaigne:
„ VIVe L'*antVerpIen*, VIVe Le *MaLInoIs*,
„ qVI de *LIIere* enChassa L'heretICqVe *boLLan-*
„ *doIs*.

Over dit werck is hy van Stadts wegen vereert met 72 Guldens, als te sien is uyt de Stadts Rekeninghe van den jaere 1597, in de welcke staet:

„ Gepñteert Joncker *Heyndrick van Wachtendonck*
„ twee-en-zeventich Gulden eens in plaetse van
„ een silvere Schaele voir den aerbydt by den
„ selven gedaen in 't componeren een Boexken
„ geheeten *la Bellone Belgique*, volgeñ d'ordonnañ
„ vañ 21. Ja.ry 1597 en quitañ ℣. lxxij p.

Bladz. 18. *Lin*. 24.

Philippus Schoof, menighmael Commune-Meester, Schepenen, ende Tresorier van *Mechelen*, was sone van *Philippus Schoof*, Ridder, oock Commune-Meester ende Schepenen van *Mechelen*, ende van *Anna Roelants*, syne 2. huysvrouwe, geboren den 22. October 1507, overleden tot Brussel in Januario 1580; ende clyn-sone van *Joannes Schoof*, Heere van *Brugghen*, Commune-Meester, ende Schepenen van *Mechelen*, Ridder geworden 1515, ende van *Joanna Hoodts*. Hy trouwde den 16. October 1567 met *Maria Arnedo*, ex matre *Wyts*, waer van onder andere, kinderen gecomen is *Gislena Schoof*, geboren tot *Mechelen* in December 1568, gestorven den 13. Mey 1632, de welcke ten jaere 1609 trouwde met *Judocus van der Hoeven*, Ridder, Schepenen, Commune-Meester, ende Tresorier van *Mechelen*, overleden den 6. Sept. 1631; welcke gehuysschen, by Testament van daeghs te voren aen den Autaer van den H. *Joannes-Baptista* in S. Jans Kercke tot *Mechelen* gefondeert hebben eene Capellanie ter eeren van de HH. *Judocus* ende *Gislena*, hunne Patroonen, met last van eene dagelyckfche Misse. Hy was broeder van *Catharina van der Hoeven*, huys-vrouwe van *Henricus van Wachtendonck*, van den welcken hier vooren bladz. 72 en 76 gesproken is.

Bladz. 18. *Lin*. 25.

Martinus Roelants, geboren tot *Mechelen* den 10. October 1521, Licentiaet in de Rechten, ende Advocaet in den Grooten Raede, wirdt ten jaere 1572 Raedt des Coninghs gecommitteert binnen *Dendermonde* om met *Guillielmus van Grysperre* (daer naer Raedt-Pensionaris van *Mechelen* 1574, Raedt in den Grooten Raede by Brieven van 1576, in den Geheymen Raedt by Brieven van den 13. October 1598, in den Raede van Staeten 1614), ende met *Petrus Verreycken* als *Actuarius*, die Stadt, de welcke om de inlandtfche beroerten sonder Magistraet was, van 's Coninghs wege te bestieren, als te sien is by *Lindanus in Tenerem*. pag. 70., *Tomb. des Homm. Ill. du Conf. Privé* pag. 59. &c. Ten jaere 1574 wirdt hy Schepenen van *Mechelen*, ende daer naer verscheydemael Commune-Meester, Tresorier, ende Wees-Meester der selve Stadt ende Jurisdictie.

Hy was sone van *Joachim Roelants* (broeder van *Anna*, hier vooren *bladz*. 85), geboren tot *Mechelen* den 2. Julii 1496, Doctoor in de Medecynen, overleden den 14. Augusti 1558, ende van *Cornelia Pels*, gestorven den 20. Sept. 1557, met wie hy den 8. Januarii 1520 getrouwt was, ende op de Choore der Arme Clarissen tot *Mechelen* begraven is; ende clyn-sone van *Cornelius Roelants*, geseyt *de Hamer* oft *Hamers*, geboren tot *Mechelen* den 16. Sept. 1450, Meester in Arten ende oock Doctoor in de Medecynen, die ten jaere 1495 Raedt ende Medecyn-Meester wirdt van *Margarita van Yorck*, Weduwe van *Carolus* geseyt *den Stouten*, Hertogh van *Bourgondien*, ende den 1. Sept. 1525 overleedt, ende van *Cecilia van Duffele*, gestorven den 16. Febr. 1519, met wie hy den 10. Febr. 1494 getrouwt was, ende by de Minder-broeders tot *Mechelen* begraven is in den Pandt voor de deure ten Choor-weerdt ingaende, tusschen den Biecht-pandt ter eendere, ende het yseren Crucifix in den muer dat sy daer hadden doen setten ter andere syden, volgens dat blyckt uyt hun Testament, op den 30. October 1518 voor *Joannes Ade*, Priester ende Notaris, tot *Mechelen* gepasseert.

Den gemelden *Martinus Roelants* trouwde den 13. Januarii 1550 met *Agnes van der Poorten*, Vrouwe tot *Olmen*, overleden den 13. Sept. 1606, dochter van *Matthias van der Poorten*, Heere van *Oudevoorde*, ende van *Hulshout*, gestorven in Mey 1571, ende van *Gertrudis Oom-van-Bockhoven*, Vrouwe tot *Olmen*, syne 1. vrouwe, beyde tot *Ghessel* begraven.

Met dese syne vrouwe maeckte hy Testament met verdeylinghe hunder goederen aen de kinders tot het boven-gemelde *Dendermonde* den 5. Mey 1573, geregistreert ten *Register van Kennissen*, berustende ter Greffie der selve Stede, *folio* 26. & *seqq*., by de Testateuren ondertekent, ende besegelt met den

Seghel ten dien tyde by den Coningh aldaer verleent; ſtirf den 12. November 1598, ende is met de ſelve fyne huys-vrouwe begraven op de Choore van de Arme Clariſſen tot *Mechelen*, alwaer noch te ſien is hunnen Serck-ſteen met deſe 16 Quartieren:

Roelants.	*Van der Porten.*
Boote.	*Lippens.*
Duffele.	*Vrancx.*
Pelle.	*Van der Heyden.*
Pels.	*Bochoven.*
Aſſendelft.	*Montfort.*
De Weerde.	*De Roovere.*
Bleeſwyck.	*De Vrieſe.*

Het Portrait ofte Afbeeldſel van *Martinus Roelants*, beneffens de gene van *Guillielmus de Clerck*, Heere van *Boevekercke*, van *Nicolaus van der Laen*, Heere van *Hagelſteyn*, van *Carolus van Boevekercke*, van *Lancelottus van Gottignies*, van *Joannes van Wachtendonck*, ende van *Philippus Schoofs*, alle hier vooren genoemt, bevindt men op eene groote Schilderye, tegenwoordigh hangende in de Wees-kamer op het Stadt-huys alhier, de welcke, ingevolge de Reſolutie van het Magiſtraet van den 26. Sept. 1585, gemaeckt is tot memorie van de gene die dat jaer in het Magiſtraet waeren. Over het maecken van dit ſtuck leeſt men in de Stadts Rekeninge van 1587 dit volgende:

,, Betaelt *Mathys van Oultre* Schilder voor den
,, oncoſt ende aerbydt by hem gedaen int prepareren
,, van den grooten doeck by Mr. *Machiel* Schilder
,, van' Co. aenveert te maecken om te dienen ende
,, gehanghen te worden in Schepene Camer ter me-
,, morie van de nieuwe Wethouderen eerſt aenge-
,, commen naer de Reconciliatie deſer Stadt ge-
,, ſchiedt in Julio XV. c. LXXXV. Compt hier p.
,, ordonnan' ende quitancie iij p.

In de Rekeninge van het jaer 1588 ſtaet in den ontfangh:

„ Item alſoo deſen Rentmr. hier naer folio 130.
„ ar'io primo te vollen in vuytgeven es proffiterende
„ de ſome' van dry hondert ponden artois, als be-
„ taelt aen Meeſter *Machiel van Coxyen* voor ſtuck
„ childerye hem by gemeyne reſolutie van myn
„ Heerē van de Magiſtraet doen maecken in den
„ jaere lxxxv om geſtelt te worden in Schepene
„ Camer, ter memorie ende gedenckeniſſe van den
„ Wethouderen doen weſende volgende den text
„ aldaer breeder geruert, ſoo eeſt dat hebbende 't
„ volle Collegie tot voirderinghe van de voirſ. iijc.
„ p. ende ontlaſtinghe deſer Stadt, gewillighlyck eñ
„ eendrachtelicken gecontenteert daer toe elck naer
„ ſtaet enue conditie te contribueren by den Greffier
„ Mr. *Willem van Ophem* gecommitteert ten ont-
„ fanghe van de ſelve contributie, daer over ontfan-
„ ghen is, volgende ſekere liſte diemē hier mede es
„ exhiberende, de ſomme van clvij. p. welcke ſom-
„ me daer naer by den ſelven *van Ophem* over-
„ geſtelt weſende in handen van deſen Rentmr. tot
„ ontlaſtinghe deſer Stadt, alhier voor ontfanck ge-
„ brocht wordt, alſoe hier de voirſ. clvij. p.

In de ſelve Rekeninge van 1588 ſtaet in den uytgeeff:

„ Betaelt Mr. *Machiel van Coxyen* zyn Mat.
„ Schilder voor ſeker ſtuck Schilderyen hem aen-
„ beſtedt by d' Heeren Schouteth Commoingen,
„ en' Raidt der Stadt van *Mechelen* in dienſte ge-
„ weeſt zynde ter leſte recoaciliatie deſer Stadt met
„ ſyne Mat. om de ſelve Schilderye voor een me-
„ morie geſtelt te worden in Schepene Camer mette
„ figueren en' conterfeytſels vā ſelve Heerē Wet-
„ houderen knielende voor t Cruys Chri' compt.
„ p. ordonnancie en quitan. iijc p.

Bladz. 18. *Lin.* 30.

De Stadt *Lier* door den Vyandt ingenomen zynde, quamen eenige Borgers van daer gevlucht alhier binnen *Mechelen*, welckers verteer, gedaen in de Herberge het *Wout*, van Stadts wege is betaelt geweeft gelyck de Rekeninge van 1596 bewyft, in de welcke verantwoord word dit volgende:

,, Bet. *Mayken Ghuenft* Weerdinne in 't Wout twin-
,, tig guldens xvij. ftuvers tharen huyfe verteert
,, den xiiij. October 1595 doen de Stadt van
,, *Liere* van Viant innegenomen was by d'arme
,, Borgers van *Liere* komende hier gevlucht vol-
,, gende d'ordinantie van der Wet en quitantie.
,,

Bladz. 19. *Lin.* 1.

Sebaftianus Cuyfer (*Caufere* oft *Coufere*), die getrouwt hadde *Judith Severyn*, was uyt Duytsland, en woonde alsdan binnen *Mechelen*. Hy was te voren geweeft in den dienft van den Hertogh van *Parma*, ende is deelachtigh geweeft van de groote Victorie by den gefeyden Hertogh behaelt den 26. Mey 1585 op den Couwenfteynfchen Dyck tegens die van *Antwerpen*; waer op *Joannes Bernartius*, verhaelende dat den gefeyden *Cuyfer* figh heeft gevoeght by de Borgerye van *Mechelen* ende mede getogen is naer *Lier*, bladz. 28 feght:

Accedit bis militiæ gloria clarus dux Sebaftianus Cuyfer, Germanus Origine, fed Civitatis Mechlinienfis incola, quem infigni virtutis teftimonio, inter eos effe quibus memorabilem illam in Caudeftynio aggere victoriam, magna ex parte acceptam ferret, Parmenfis Dux, quondam, publicè dixiffe fertur.

Bladz. 19. *Lin.* 1.

Waerfchynelyck *Henricus de Valleroy* (*Walroy*), uyt Lorreynen (fone *Jans*, Heere van *Ballant* ende van *la Vifette*, ende van *Joanna de Montbertin*), die by contract van houwelyck, gemaeckt onder handtteecken tot *Beaufort* den 3. Mey 1581, getrouwt hadde *Magdalena van Coenen*, gebortigh van *Haultrade* in Brabant, overleden den 10. December 1628, tot *Muyſen* by *Mechelen* begraven, oudtſte dochter van *Joannes van Coenen*, Heere van *Zegeworp*, Droſſaert van den Lande van *Hoochſtraete*, geſtorven tot *S.-Michiels-Geſtel* in de Meyere van *'s Hertoghen-Boſſche* ten jaere 1589 (ex avia paterna *van der Aa*), ende van *Magdalena van der Aa*, Vrouwe van het Hof *ter Donck*, gemeynelyck geſeyt het *Muyſen-Huys*, overleden ten jaere 1582, ende tot het voorſchreve *Geſtel* begraven, dochter van *Joannes van der Aa*, Ridder, Heere van het Hof *ter Donck*, Schepenen, Commune-Meeſter, ende (by eede van den 15. Januarii 1530) Schouteth van *Mechelen*, Raedt ende Opper-Valckenier van den Souvereyn, overleden den 18. April 1529, ende tot *Muyſen* begraven, ende van *Margarita Boels* alias *Kempenaer*. De gemelde *Henricus de Valleroy* ende ſyne huyſvrouwe woonden op het Hof *ter Donck*, ende hadden onder andere kinders *Magdalena de Valleroy*, getrouwt met *Paſchaſius de Beringuer*, Commiſſaris-Generael van de Ruyterye, en Capiteyn van Cuiraſſiers, met ſynen ſone op de reyſe geſtorven ten jaere 1627, waer van verſcheyde nae-komelinghen. De Quartieren van den geſeyden *Henricus de Valleroy* waeren deſe:

Valleroy.	✤ *Montbertin.*
Champoigne.	✤ *Champoigne.*
Hamal.	✤ *D'Anly.*
Warigny.	✤ *Trenſchan.*

Bladz. 19. Lin. 2.

Volgens *Henricus van den Coelput* is met de Borghers van *Mechelen* tot het Ontſet van *Lier* uytgetrocken ſekeren Broeder *Jacobus*, van het Orden der geſchoende Carmelieten geſeyt O.-L.-Vrouwe-Broeders, oock gewaepent, gelyck den felven *van den Coelput* in fyne gefchreve Chronycke van *Mechelen* op het jaer 1595, handelende over het Ontlet der Stadt *Lier*, leght in defer voegen:

„ Oock onder de Mechelaers was eenen Lieve-
„ Vrouwe-Broeder mede uyt *Mechelen* getoghen,
„ genoemt Broer *Jacob*, ende was in 't geweir.

Dat in het felve jaer 1595 binnen *Mechelen* was eenen L. V. Broeder genoemt *Jacobus Decker*, aen den welcken van Stadts wegen den 4. December 1595 tot behulp van fyne Licentie gegeven wirden dertich guldens, blyckt uyt de gemelde Stadts Rekeninge van 1596, waer inne word verandtwoordt als volght:

„ Betaelt Brueder Jacop Decker Carmelyt alhier,
„ dertich guld. eens den felven gefchoncken tot
„ behulp fynder Licentiaetfchap, volgende do. con-
„ nantie van' iiij Decembris en' quittantie.

Bladz. 19. *Lin.* 3.

De *Anderfladt* is eene oude Borcht, Cafteel, ofte Slot, gelegen op de Riviere de groote *Nethe*, niet verre van de Stadt *Lier*, welckers afbeeldtfel bevonden wordt in de *Caftella Brabantiæ* door den Baron le Roy. Dit Cafteel behoorde in het jaer 1247 tot aen *Gerardus van Iffche*, Ridder, ende *Ida* fyne huysvrouwe, aen de welcke den Deken, het Capittel, ende den Plebaen der Collegiaele Kercke van den H. *Gummarus* tot *Lier* ten dien jaere hebben toegeftaen dat fy op hun gemelde Hof *ter Anderfladt* fouden hebben voor altydt eene Capelle ende eenen befonderen Capellaen om aldaer volgens hunnen wille den Godts dienft te doen, ende dat dele gehuyfchen, in herkenteniffe van het recht van het gemelde Capittel, jaerlyckx fouden betaelen vyf Schellingen Lovens. De acte hier over donderdaeghs naer Paefchen in het gefeyde jaer 1247 verleent, bevindt men in de *Diplom. Belg. Tom. IV. pag. 553.* ende luydt als volght:

" Universis præsentes Litteras visuris, Decanus
" & Capitulum & Plebanus Lyrensis Ecclesiæ in
" Domino Salutem. Noveritis quod Nos Ecclesiæ
" nostræ utilitate pensata, de prudentum consilio,
" Domino *Gerardo de Ysche*, Militi, Dapifero Illus-
" tris D. Ducis Lotaringiæ & Brabantiæ, & uxori
" ejusdem *Ida*, & posteris eorumdem, quantum in
" Nobis erat, licentiam, & nostrum præbuimus
" assensum, quod ipsi & eorum successores in per-
" petuum Capellam deinceps habere poterunt spe-
" cialem in Curia sua apud *Anderstat*, infra Pa-
" rochiam nostram Lyrensem, & Capellanum ha-
" bere proprium qui ibidem divina celebret pro
" voluntate ipsorum. Ita quidem quod dicti G. &
" I. & eorum posteri Nobis solvent annuatim in
" Festo Omnium Sanctorum quinque solidos Lo-
" vaniensium in recompensationem totius nostri iu-
" ris. In cuius rei testimonium Sigilla nostra cum
" Sigillo dictorum G. & I. præsentibus sunt appensa.
" Datum Anno Domini MCCXLVII. Feria quinta
" infra Octavas Resurrectionis Domini nostri.

Seer waerschynelyck syn dese bovengenoemde *Gerardus van Yssche*, Ridder, ende *Ida* syne huysvrouwe, de selve die in sekere Acte van het jaer 1262 genoemt worden *Gerardus de Ischa, Miles, & uxor eius Oda de Anderstat*, ende in eenen anderen Act van het jaer 1264, *Gerardus de Iske, Miles, & uxor eius Oda de Anderstat*. Siet *Dipl. Belg. Tom. I. pag. 766. & 767.*

In het jaer 1311 behoorde dese Borcht toe aen *Floris Bertbouldt*, Heere van *Mechelen*, ende van den Lande van *Mechelen*, den welcken uyt redenen dat het Capittel ende den Pastoor van *Lier* aen hem ende syne naercomelingen hadden toegestaen in de Capelle op syn gemelde Huys *ter Anderstadt* den

Godts-dienst te doen, aen hun over hun recht van Patronaet ende Parochie gegeven heeft negen Schellingen ende thien Deniers jaerelyckx, ende dat by Brief van donderdaghs voor den Feestdagh van *S. Peeters* Banden in het gemelde jaer 1311, luydende dien Brief als volght:

,, Universis presentes Litteras visuris, *Florentius*
,, *Berthoult*, Dominus de *Machlinia*, Salutem &
,, scire veritatem. Noverint universi, Nos, occa-
,, sione constitutionis seu constructionis Capelle in
,, mansione nostra *ter Anderstadt* prope *Liram*,
,, sub Patronatu Venerabilium Virorum Decani &
,, Capituli *Lirensis* & infra limites Parochialis Ec-
,, clesie *Lire* situata, de consensu pariter & assensu
,, dictorum Decani & Capituli ac dicte Parochialis
,, Ecclesie Presbyteri, Nobis & nostris Successori-
,, bus concessisse divina celebrari faciendi, libere
,, & absolute prout Nobis & nostris Successoribus
,, complacebit, assignasse & contulisse dictis Deca-
,, no & Capitulo ac eidem Presbytero pro porcione
,, parochiali ipsos attingente novem solidos cum
,, decem denariis monete pro tempore currentis
,, pretextu Iuris Patronatus ac etiam Parochialis,
,, videlicet in oblationibus in dicta Capella pro-
,, venientibus, seu in futurum proventuris, super
,, pascua sita prope silvam vulgariter *Schooneberg-*
,, *Haege* nuncupatam, que *Petrus* dictus *Wandelet*
,, tenet & possidet, in Festo Beati Andree singu-
,, lis annis perpetue libere capiendos, levandos,
,, & habendos. In cuius rei testimonium presenti-
,, bus Litteris Sigillum nostrum est appensum. Datum
,, Anno Dñi MCCCXI Feria quinta ante Festum
,, Beati Petri ad vincula.

,, Pro copia diligenter collationata cum suo Ori-
,, ginali, per me *M. Henricum Lombardum*, Sa-
,, cellanum Templi Sancti Gummari Lirensis, &
,, Notarium publicum & admissum, comperta est

,, cum eodem Originali suo de verbo ad verbum
,, concordare, teste Signo meo manuali subscripto.
,, *Signatum*: M. Henricus Lombardus.

Ten jaere 1414 hoorde het gemelde Casteel *ter Anderstat* toe aen Jonck-Heer *Jan* Heere van *Arckel*, van *Pierrepont*, ende (by coop van den 2. December 1384) van den Lande van *Mechelen*, als te sien is by het volgende stuck, getrocken uyt den Contract-Boeck van de Leenen van den selven Lande van *Mechelen*, beginnende met den 9. November 1551, ende eyndende met den 9. September 1597, in den welcken bladt 77 ende volgende staet aldus:

,, MAXIMILIAEN ende MARIE by der gra-
,, tien Goidts Hertogen van Bourgoingnen, van
,, Lothr., van Brab., van Lymbourch, van Lux-
,, enborch, en' van Gelre, Gravé van Vlaenderen,
,, van Artois, van Bourg'ne, Palatynen van Henegou-
,, we, van Hollandt, van Zeelandt, van Namen,
,, en' van Zutphen, Mercgravé des Heylichs Rycx,
,, Heere en' Vr. van Vrieslandt, van Salines, en' van
,, Mechelen. Allen den gheenen die desen Brieff
,, selen zien en' horen lesen Saluyt. Want onse
,, lieve en' getrouwe Ridder Her *Henrick Bau*,
,, Heere tot *Muggenberch* in onsen Lande van *Mec-*
,, *helen* tot *Duffle* te' des. tyt geseten, Ons heeft
,, ghethoent hoe dat int jaer duysent vier hondert eē
,, viertien op den derden dach vand. maendt Octo-
,, bris *Jan* Heer t' *Arkel*, tot *Perpont*, ende t sLandts
,, van *Mechelen*, gegeven en' verleendt hadde in
,, vorme van Privilegien *Arnde Bau van Muggenberge*,
,, zynen lieven zwaghere, om die menichfuldige
,, getruwen diensten wille die de selve *Arnt* hem
,, gedaen hadde, dagelycx dede, en' noch doen
,, soude, die Heerlicheyt hoeghe Gerichte en' leghe
,, van zyn' Huyse geheeten *Muggenberch*, mit zy-
,, nen graven om dat Huys, ende syne' singel bin-

„ nen den thuyn die daer om ghoet, ende mit
„ synen ouden voirborch, alsoe als dat daer aen
„ staende ende gelegen is mitten grave om den
„ voirs. ouden voirborch, om dat by hem ende
„ zynen erfven en' nacomelinghen van Ons en' van
„ onsen nacōmelingē Heērs Landts van *Mechelen* ten
„ tyde synde, teeuwighen dagen tot eenen gerechten
„ Leene te houden, ende te verhergeweeden met
„ eenen Rooden Havick alsoe dicke alst te doene
„ soude wesen, gelyck die voorf. Thoende dit allet
„ op sekere vuegen, pointen, ende condicien eleerlyck
„ seeght by Briefven des voirs. *Jans* Heērs Landts
„ van *Mechelen*, synen outvoirden daer oppe ge-
„ geven, verleent, en' gemaect te blycken, ende
„ vanden welcken die tenuere van woirde te woirde
„ hier naer volght : WY IAN, Heē t'*Arkel*, tot
„ P.pont, en' s Landts van *Mechelen*, doen condt
„ allen Luden dat Wy mits des. tegenwoirdigen
„ Brieffe gegeven hebben ende geven *Aernt Bauwe*
„ van *Muggenborch*, onsen lieven zwagere, om
„ menighen truwen dyenst wille die hy Ons gedaen
„ heeft, ende noch God wilt doen sal, die Heerlicheyt
„ hoogherichte ende leghe van synen Huyse ge-
„ heeten *Muggenborch*, met synen grave om dat
„ voers. Huys, ende synen singhel bynnen den
„ tuyn die daer o'me gheet, ende mit synen ouden
„ voirborch, alsoe als dat daer aen staende ende
„ gelegen is mitten grave omd. voirs. ouden voir-
„ borch, t welck Wy hem verlit en' verleendt
„ hebben te houden van Ons en van onsen naco'-
„ meli'ghē hy en' syn naco'melingen tot eenen
„ gerechten Leen, en' te verheergewaden mit
„ eenen Rooden Havick alsoe dic alst te doene
„ sal wesen; behelteric dat *Aernt* voirs., oft synen
„ erven en' naco'melingen, soe lange als Wy leven
„ sullen nyemant die Ons broechaftich is onthalden
„ en sal op synen Huyse oft bynnen syare Heer-

,, licheyt voerſ. naer dien dat Wy hem dat ſcryven
,, ende weten laten met onſen Briefven aen ſinē
,, mont oft aen den Huyſe *Muggenborch* voerſ.,
,, ende hy ſal die ter ſtondt ſonder enich vertreck
,, daer af en' vut doen ſonder all argeliſt. Daer dit
,, geſchiede waren over en' aen onſe truwe Manne
,, van Leene als He. *Henrick van Nyenſteyn*, Ridder,
,, baſtaert *t'Arkel*, onſe brueder, *Jan* die baſtaert
,, *t Harkel*, onſe ſone, en' *Otto vand. Poerte*, en'
,, anders meer goeder luden. In kenniſſē en' oir-
,, konde der waerheit hebbē Wy *Jan* Hee. *t'Arkel*
,, voerſ. onſen Groon' Segel aen deſen Brief doen
,, hangen. Gegeven op onſen Huyſe *ter Anderſtat* int
,, jaer Ons. Heēn duyſent vierhondert en' veertyen
,, opten derden dach vand. maent Octobri. ONS
,, oitmoedelic bidden' die voerſ. thoendē die
,, voirſ. Preve van Octtroye en' Previllegien voē
,, geincorporert, mit allen de poincten daer inne
,, begrepen, hem te willen confirmeren ende ap-
,, proberen, en' daer op hem verleenen onſe oepen'
,, bezegelden Brieven in behoirlycker vormen. Soe
,, doen Wy te wetene, dat nae dien Wy die ſelve
,, Brieven van Ottroye en Previllegien boven geinſe-
,, reert hebben in onſen Grooten Rade by Ons dage-
,, lycx weſende doen overſien ende viſitēn, mitsgaders
,, oyck den advyſe van onſen lieven getruwen
,, Cancellier en' andere Luden vā onſen Raide
,, geordinert in Brāb. en' de Luden vand. Cameren
,, van onſen Rekeningen te Brueſſel yerſt daer op
,, gehadt. Wy by advyſe en' deliberatien der ſelver
,, geneycht weſen' ter beeden des voirſ. thoenders,
,, ende beſonder mits die goede ende getruwe dienſten
,, die ons de ſelve thoender gedaen heeft, dage-
,, lycx doet, ende hopen dat hy noch doen ſal
,, hebben den voerſ. Brieff boven geincorporeert
,, mit allen ſynen pointen ende op te vuege en
,, condicie daer inne begrepen geapprobeert, gera-

,, tificert, en' geconfirmeert, ende van funderlin-
,, ger gracien approberen, cōnfirmeren, en' ratifi-
,, ceren midts defen onfen Brieve willende dat dien
,, van alfulcker macht ende weerden gehouden
,, wordde als den principaelen originaelen Brieff
,, even verre hy ende fyne voerfeten dien behoir'l.
,, geufert en' gebruyct hebben. Ontbieden hier om
,, ende bevelen onfen Droffete s Landts van *Mec-*
,, *belen* voerf., Schouteeten en' Meyeren van *Duf-*
,, *fele*, en allen anderen onfen en' der Smaelre
,, Heēn Ambachteren, Officiēn, Richteren, en'
,, Dieneren onf. voirf. Land. van *Brab'*. en' vā *Mec-*
,, *belen*, dat zy eñ elck van hen alfoe hem toebe-
,, hoirt den voirf. thoender van def. onf. gracien,
,, cōfirmatien en' approbatien doen en' laten in
,, maten ende opte vucge inden voirf. Brief begre-
,, pen ruftelic ende vredelyc gebruycken fonder hem,
,, zynen erven en' nacōmelingen daer inne eeni-
,, gen ftoet, hinder, ofte letfel te doen oft laten
,, gefchien ter contrarien in ēnighen maniēn, want
,, het Ons alfoe gelieft ende gedaen willen hebben,
,, behoudelic Ons in allen anderen faken onfen
,, rechte, ende eenen yegelykē anderen des fyns
,, in allen, ende des torconden hebben Wy onfen
,, Zeeghel hier aen doen hangen. Gegeven in on-
,, fer Stadt van *Brugghe* den xviij.e dach vā Janua-
,, rio int jaer Ons Heēn duyfent vierhondert een
,, ende tachentich. *Aldus geteekent op de ploye*: By
,, mynen Heere den Hertoge daer ghy Hēn *Wou-*
,, *ter vand. Noot*, *Philips Vylain*, Riddēn, Meeftēn
,, *Henrick Stoep*, eñ *Jan van Watermaele* mit meer
,, andēn van den Raide by waeren. P. *de Thielt*.

In het jaer 1461 behoorde het gefeyde Cafteel
ter Anderftadt toe aen *Jan* Heere van *Wefemael*, van
Wefterloo, van *Falais*, van *Rummene*, van *Herfele*,
ende (by coope van 1425 ende 1427 met de
Borcht, waerfchynelyck de gemelde *Borcht ter An-*

derstadt) van den Lande van *Mechelen*, Erf-Marechal van *Brabant*, Raedt ende Kamer-Heer des Hertoghs *Philips* den Goeden, vermits hy den 13. November van den geseyden jaere 1461 in het selve *syn* Slot *ter Anderstadt* by *Lier*, voor op de Saele, voor den Notaris *Gerardus de Busco*, als Oom ende oversten momboir der kinderen ende kindts-kinderen wylen *Hendrick*, naturelyck sone *Jans* Heere van *Wesemael*, syns vaders (aen welcken *Hendrick* hy by syne Brieven van den 30. October 1417, ingevolghe desselfs syns vaders Testament, 25 Mudden Rogs erffelyck, maete van *Westerloo*, te Leene bewesen hadde), beneffens *Roelandt van Wesemael*, desselfs *Jans* den jonghen naturelyck sone, ende *Rigaut* synen Kamerlinck, oock als maghen, vrinden, ende momboirs van die onmondighe kinders, approbeerde het accordt ende deylinghe, daeghs te voren voor den selven Notaris tot *Lier* aengegaen ende gepasseert.

Synde alhier te bemerken dat den gemelden *Jan* Heere van *Wesemael*, de Borcht *ter Anderstadt* alsdan waerschynelyck niet anders meer dan in lyftochte besat, aengesien hy van op den 29. Meert 1459 den Lande van *Mechelen* met alle syne toebehoorten, gelyck hy dat van Hertogh *Philip* den Goeden te Leene houdende was, voor den Stadthouder ende Mannen van Leene des Hofs van *Brabant* in persoon getransporteert hadde voor ende ten behoeve des voorschreven Hertoghs ende desselfs naecomelinghen, sonder daer aen iet te behouden, uytgenomen alleenelyck dat hy syn leven soude lichten ende ontfanghen het profyt ende incomen van den geseyden Lande van *Mechelen*, ende van de Heerlyckheden, Dorpen, Huysen, Besittinghen &c. daer toe behoorende, ende dat als eene lyftochte, te genieten syn leven geduerende, ende anderssints niet ; ingevolghe van het welcke hy daer van op die conditien is onterft ende ontgoeyt, ende den gemelden Hertogh *Philips* daer-inne voor figh ende fyne naecomelinghen wettelyck gegoeyt, geveftight, ende geërft geworden, federt welcken tydt het Landt van *Mechelen* met het meer-gemelde Slot *ter Anderftadt* tot nu toe aen onfe genaedighe Souvereynen is verbleven.

Op de voorgemelde Borcht *ter Anderftadt* is een Beneficie ofte Capellanie met laft van aldaer des Sondaeghs ende des Heylighdaeghs Mifle te lefen aen den Autaer die voor op de Saele boven den onderwaertfchen inganck verheven, ende binnen eenen thuyn geíloten ftaet, waer voor betaelt wordt 50 guldens, ende voor het onderhoudt van dien Autaer ende 't doen van den *Catechifmus* 9 guldens 5 ftuyvers 2 oorden, welcke laefte fomme daer toe foude gelaeten fyn door Heer *Gerardus van der Meulen*; emmers worden die twee fommen betaelt door den Raedt ende Rent-Meefter Gé érael van de Domeynen in den Lande van *Mechelen* uyt eene Thiende, genaemt de *Clyne Thiende van de Anderftadt*, figh beftreckende onder O.-L.-V.-*Waver*, *Ballaer*, ende *Duffel*, alhoewel dat federt het overleyden van den Heere *Ignatius Jofephus van den Berghe-de-Pottegbem*, Canonick ende Plebaen van *Lier*, over wie de laefte betaelinghe van den jaere 1763 verantwoordt is, dat Beneficie is open gebleven. Hebbende voorts de ingefetene van de Dorpen des Landts van *Mechelen* eertydts wel toegeftaen fekere Bede tot het ruymen van de grachten ofte waters rond-omme het Slot *ter Anderftadt*, welcke ruyminge alle 30 à 40 jaeren gebeurde, maer nu al merckelycken tydt achtergelaeten is.

Bladz. 19. *Lin.* 23.

Het Magiftraet van *Mechelen* kenniffe gegeven hebbende aen het Gouvernement tot *Bruffel* dat de Stad *Lier* met furprife by den vyandt was ingenomen, fchreeff den Raed van Staet in alle haefte Brief van antwoorde, geparapheert door den Raeds-Heer *Christophorus d'Affonville*, ende onderteeckent *Pratz*, luydende als volght:

„ Tres chers & bons Amys, Nous avons receu
„ a cest instant vos l'res en advertissement de ce que
„ a n're grand regret seroit a ce matin advenu en
„ la Ville de *Liere*, & avez bien faict de Nous en
„ adviser en si grande diligence, dont vous merceons
„ ayants incontinent donne ordre par tout pour
„ y envoyer le secours necessaire, veuillans esperer
„ qu'ils y pourront encore arriver a temps, pour avecq
„ les v'res y faire le debvoir requyz, comme aussy
„ esperons que sest faict du costel d'*Anvers* & aul-
„ tres, cependant ne lairez de continuer & faire
„ de v're part tout ce que dictes avoir encommen-
„ ce, coë seront les aultres, mesmes de faire son-
„ ner par les villaiges du plat pays lalarme, &
„ donner dois la Ville quelque signal du canon
„ pour estonner lennemy, & a ce que vng chun
„ soit alerte; Nous donnant au reste d'heure a aultre
„ advertence de ce qu'en entenderez. A tant Tres
„ chers & bons Amys n're Sr. vous ait en garde;
„ de Bruxelles le xiiij en Octob., 1595. *A v. Soubs*
„ *estoit escript*: Par ordonnance de Messeigneurs
„ du Conseil dEstat du Roy n're Sire, en absence
„ de son Exë. *Signé*: Pratz. *La supscription estoit*:
„ A nos tres chiers & bons Amys ceulx du Mag'rat
„ de la Ville de Malines, cito, cito, cito, cito,
„ cityssimum, *& cacheteez du Cachet de sa Maté.*

Bladz. 20. *Lin.* 22.

Antonius van Berchem, Ridder, Heere van *Ranst*, was sone van *Joannes van Berchem*, Heere van *Ranst*, Drossaerdt van *Breda*, ende van *Jacoba van Enckevoort*, dochter van *Godefridus Michielssen*, geseydt *van Enckevoort*, Ridder by Brieven van den 24. Februarii 1530, Heere van *Ranst*, Schepenen van *Antwerpen*, ende van *Agnes van Halmale*, ex matre van *Outsboorn* geseyt *Sonnevelt*. Hy trouwde by contract gepasseert tot *Mechelen* den 19. Octob. 1596, *Anna van Halmale*, dochter van *Henricus*, ende van *Petronilla van Gottignies*, ende heeft verschyde-mael Borgemeester en Schepenen van *Antwerpen* geweest, gelyck hy was in 't jaer 1595 alswanneer hy de Borgerye heeft aengeleydt tot het ontset van *Lier*; in welkers herkentenisse den Koningh hem Ridder heeft gemaeckt by Brieven van den 4. April 1598, de welcke hier volgen.

,, PHLE par la grē de Dieu, Roy de Castille,
,, d'Aragon, de Leon, des deux Sicilles, de Hie-
,, rusalem, de Portugal, de Navarre, de Grenade,
,, de Tolete, de Valence, de Galice, des Mail-
,, lorques, de Seville, de Sardeyne, de Cordube,
,, de Corsique, de Murcia, de Jaen, des Algar-
,, ves, de Algezire, de Gibraltar, des Isles de
,, Canarie, & des Indes tant Orientales, que Oc-
,, cidentales, des Isles, & Terre ferme de la mer
,, Occeane, Archiducq d'Austrice, Ducq de Bourgñe,
,, de Lothier, de Brabant, de Lembourg, de Luxem-
,, bourg, de Gueldres, & de Milan, Conte de Habs-
,, bourg, de Flandres, d'Artois, de Bourgñe, de Tirol,
,, Palatin, & de Haynnau, de Hollande, de Zee-
,, lande, de Namur, & de Zutphen, Prince de
,, Swave, Marquis du St. Empire de Rome,
,, Seigneur de Frize, de Salins, de Malines, des
,, Cité, Villes & Pays d'Utrecht, d'Over-Issel, &
,, de Groeninghe, & Dominateur en Asie, & Afric-
,, que, A tous qui ces pñtes Lrēs verront Salut.
,, Cõme Nous soit esté faicte particuliere relation
,, de la personne de Nre' bien amé *Antoine de*
,, *Berchem* Escuyer, Eschevin de Nre' Ville d'An-
,, vers, & que lad.e Maison de *Berchem* est re-
,, putée & recognue entre aultres de noble linage,
,, & que plusieurs descenduz d'elle, ont faict à
,, Nous, & à Noz devanciers bons & leaulx ser-

,, vices, & que à leur imitāon avoit ledt. *An-*
,, *toine de Berchem* travaillé dez fa jeuneffe de
,, faire le mefme, cõme dernierem' il eftoit accour-
,, ru avecq aultres au fecours de la Ville de *Liere*,
,, y conduifant cõme Cap.ne une bonne trouppe
,, de bons Bourgeois Catholicques dudict Anvers
,, fuivant le tefmoignage que par Lre's du Mois de
,, Decembre XVc. nonantecincq Nous en donna
,, le Conte de Fuentes, lors qu'il exerceoit la Re-
,, gence gñale de noz Pays d'embas, pour laquel-
,, le caufe, & que plufieurs de fes parens ont efté
,, honnorez de Tiltre de Chlr, il Nous fupplioit
,, treshumblēm., que Nre' bon plaifir fut le deco-
,, rer auffi de mefme tiltre, & reng de Chlr,
,, SCAVOIR FAISONS que Nous, prenant favo-
,, rable confiderāon à tout ce que dict eft, & que
,, trouvons raifonnable que ceulx qui s'efvertuent
,, de Nous faire femblables fervices foyent eflevez
,, à quelque Tiltre de honneur, afin les y exfti-
,, muler d'avantaige, & par telle marque & me-
,, moire qu'en demeurera à leur enfans & pofte-
,, rité, les obliger & encourager à fuyvre tous
,, louables comportemens, Nous, defirant favora-
,, blem' traicter & honnorer ledict *Antoine de Ber-*
,, *chem*, l'avons faict & créé Chlr, cõme faifons
,, & creons per ces pñtes, veuillant & entendant
,, que dorefenavant il foit tenu & reputé tel en
,, tous fes actes & befoignes, & jouyffe des droictz,
,, privileges, libertez, & franchifes dont jouyffent,
,, & ont accouftumé de jouyr tous Noz aultres
,, Chlrs par toutes Noz terres & Seigneuries, fig-
,, nāment en Noz Pays d'embas, en la mefme ma-
,, niere, en cõme s'il fut efté faict & créé Chlr de
,, Nrē propre main, mandant, & cõmandant à tous
,, Noz Lieutenans, Gouve.rs, Marefchaulx, &
,, aultres Miniftres, Officiers, & Subiectz à qui ce
,, peult toucher en quelque façon que ce foit, que

,, ledt. *Antoine de Berchem*, ilz laiffent, permec-
,, tent, & fouffrent de tout le contenu en cefd.
,, pñtes, plainēm, entierem', & paifiblem' joyr &
,, uier, fans luy faire, mectre, ou donner, ni
,, fouffrir eftre faict, mis, ou donné aulcun def-
,, tourbier, obftacle, contredict, ou empefchem'
,, au contraire; Car tel eft Nre' plaifir. En teſmoing
,, de ce, avons figné ces pn'tes de Nre' nom, &
,, faict mectre Nre' Grand Seel à icelles. Donné
,, en Nre' Ville de Madrid, Royaulme de Caf-
,, tille, le quatriefme jour du Mois d'Apvril, en
,, l'an de grace de quinzecens nonante huict, &
,, de Noz Regnes, à fcavoir de Naples & Hieru-
,, falem le quarantecinqiefme, de Caftille, Aragon,
,, Sicille, & des aultres le quarantetroifiefme, & de
,, Portugal le dixnoeufiefme. *Paraphé* : N D. vt.

Signé : Phle *avec Paraphe*.

Sur le pli : Par le Roy.

Contre-figné : A: de la Loo *avec Paraphe*.

Et ſcellé du Grand Scel en cire rouge fur doublequeüe de parchemin.

Hy was in de maendt Augufti 1590 door de Majefteyt geftelt Commiffaris van de Monfteringe ende Revue van het Volck van Oorlogh, te lichten tot bewaereniffe van het plat landt op Brabant, ende by Opene Brieven van den 20. September van het felve jaer wirdt hy geftelt over de thien Compagnien Voetvolck natureel van het Landt, onder de fuper-intendentie van den Heere van *Helmont*, ende daer naer oock Commiffaris over de Forten op de Riviere de Schelde. Dan alfoo dit alles ophiel door de opvolgende *Treve*, is hem die commiffie door hunne Hoogheden *Albertus* en *Ifabella* daer naer wederom gegeven by Opene Brieven van den 10. April 1621, in de welcke worden herhaelt fyne getrouwe dienften ende het goedt devoir door hem gedaen in't Ontfet der Stadt *Lier*, waerom wy de felve Brieven van Commiffie ten deele hier laeten volgen.

„ Albert & Ifabel Clara Eugenia Infante d'Ef-
„ paigne, par la grace de Dieu Archiducqz d'Auf-
„ trice &c..... A tous ceulx qui ces pn'tes verront
„ Salut. Receu avons l'humble fupplicaōn de n're
„ cher & feal Meffe. *Anthoine de Berchem*, Chlr.,
„ contenant qu'en l'an mille cincq cens nonante il
„ auroit efté commis Commiffaire des Monftres
„ des Gens de guerre, levez & a lever pour l'af-
„ franchiffem. de n're Pais de Brabant, aux gaiges
„ & traitement de deux florins par jour, & depuis
„ de Commiffaire du Regiment de dix Comp'es du
„ Sr. de *Helmont*, aux mefmes gaiges, & auffi
„ Commiffaire des Fortz fur la Riviere de l'Efcault,
„ & comme depuis les Treves il n'a efté employé
„ aux Monftres fi non depuis trois ans ença, &
„ qu'en fuyte de cesd. cōmiffions l'occafion fe pn'te
„ de l'employer es Monftres des Gens de guerre
„ ja levez & a lever pour l'affranchiffem' tant de
„ n'res Pais de Brabant que des Garnifons ordi-
„ naires desd. Forts fur la Riviere de l'Efcault &
„ autrement, il Nous a treshumblement fupplié
„ qu'en confideraōn de fes longs & fidels fervices,
„ mefmes du bon debvoir par luy rendu en l'an
„ mille cincq cens nonante cincq en condtuifant la
„ Bourgeoifie de n're Ville d'*Anvers* pour le re-
„ couvrem. de n're Ville de *Liere* furprinfe de
„ lennemy il Nous pleuift continuer fad. Com-
„ miffion & fur ce luy en faire depefcher nos
„ L'res patentes en tel cas pertinentes &c.

Hy maeckte fyn Teftament fieck fynde voor den Notaris *Auguftinus Noydens*, den ouden, binnen *Antwerpen* den 16. January 1623, by het welcke hy fyne begraef-plaetfe verkoos in de Capelle van O.-L.-Vrouwe in de Kercke van de Predickheeren aldaer, laetende aen den gemeynen Huys-armen der felve Stadt 100 guldens eens, ende aen het Convent der gefeyde Predickheeren 200 guldens, boven de 800 guld. die *Anna van Halmale* fyne huysvrouwe hun hadde gemaeckt, ende boven de 600 guldens die *Antonius-Henricus van Berchem*, fynen fone, overleden in de Univerfiteyt van *Pavien*, hun hadde gelaeten, willende die 1600 guld. aengeleyt te worden op vafte panden tot Fondatie van eene dagelyckfche Miffe tot laeffeniffe hunder zielen.

Voorders bevindt men in dit Teftament het volgende:

,, Item maeckt, geeft, ende legateert aen Jor.
,, *Johannes-Anthonius Tucher*, fyn Neeffken, die hy
,, op de Vonte heeft geheven, by forme van pre-
,, legaet eene Rente van een hondert guldens erf-
,, felyck, ende totten dyen fyne fchoone vergulde
,, Coppe-taffe die hem de Stadt van *Antwerpen*
,, heeft vereert over het fecours van de Borgerye
,, dat hy Heer Teftateur onder andere heeft aen-
,, gevuert aen de Stadt van *Lyere* by den vyandt
,, by furprinfe ingenomen ende wederom vuyt vy-
,, anden handt te nemen.

,, Item aen Jouff. *Johanna* fyne dochtere...., ende
,, boven dyen eene filvere gedreven Schaele met
,, fyns Heers Teftateurs waepene int midden van
,, dyen, hem Teftateur vereert by de Dekens van
,, de Beenhouwers.

,, Item maeckt ende geeft aen Heer *Franchoys*
,, *van Itteren*, Prothonotaris ende Canonick tot S.
,, Rombouts binnen *Mechelen* tot eene memorie
,, eenen fchoonen Brevier, beflagen met filver,
,, eertyden fyns Heeren Teftateurs fone toebehoirt
,, hebbende, ende heeft befet tot een *Anniverfarium*
,, van eene jaerlycxfche Miffe te doen in de Cap-
,, pelle van *Dieft*, binnen de felve Kercke van St.
,, Rombout, de fomme van feffe guldens erfflyck.

,, Op den laſt dat de voorſ. drye des Teſtateurs
,, geinſtitueerde erffgenaemen (*Anna van Berchem*,
huysvrouwe van *Robrecht Draeck*, Droſſaert van
Daelhem , *Joanna van Berchem*, ende *Joannes-Antonius Tucher*, daer moeder af was *Maria-Catharina van Berchem*, des Teſtateurs dochteren, ende
dochters ſone) ,, ſullen ſchuldich ende gehou-
,, den ſyn te erigeren eerſt een *Epitaphium* bin-
,, nen de Stadt van *Pavien* ter eeren van Hr.
,, *Anthonis-Henricus van Berchem*, volgende deſſelffs
,, Heer *Anthonis-Henricus van Berchem* Teſtament ,
,, by hem gemaeckt op den xiij. Julij des jaers
,, xvj.c tweentwintich voer den Notaris *Johannes-*
,, *Petrus Fraueanus*, ende noch een ander *Epitaphium*
,, in de Predickheeren Kercke alhier in O.-L.-
,, Vrouwen Choor aldaer tot eene memorie van de
,, Fundatie van voorſchreve daegelycxſche Miſſe.

Bemerckt nochtans dat men nochte dit *Epitaphium*,
nochte de ſterfdaghen van den Teſtateur ofte van
ſyne huys-vrouwe by de Predick heeren tot *Antwerpen* en bevindt; ende dat de vooren-geſtelde af-komſte geheelijck beveſtight wordt
door het Afbeeldſel van den boven-gemelden *Joannes-Antonius Tucher*, Borgemeeſter van *Antwerpen*,
dat ten jaere 1675, als hy 56 jaeren oudt was, geteekent is door *Peeter Thijs*, geſneden door *Alexander Voet* den jonghen, ende aen hem ſelfs opgedraghen
door *Gaſpar Huberty*, op welcke printe, boven
eenighe Latynſche Verſſen met de opdraght ende ſyne
Stam-Wapen, ſtaen deſe ſyne 16 Quartieren :

Tucher.	*Berchem.*
Cocqueel.	*Lier.*
Urſel.	*Inckevoort.*
Lier.	*Halmale.*
Scheis.	*Halmale.*
Rechterghem.	*Monincx.*
Brimeu.	*Gottignies.*
Werve.	*Loon van Dieſt.*

Bladz. 20. *Lin.* 22.

Jacobus Daſſa, fone van *Ferdinandus*, ende van *Barbara Rockox*, ende broeder van *Adrianus Daſſa* getrouwt met *Maria van der Laen*, fuſter van *Nicolaus* ende van *Joannes* hier vooren meermaels gemelt, heeft in het Magiſtraet der Stadt *Antwerpen* verſcheyde mael becleedt de plaetſe van Schepenen, ende feven mael de gene van Borgemeeſter. In het jaer 1595 Schepenen zynde, is hy oock geweeſt eenen der aenleyders van de Borgerye der ſelve Stadt tot het hernemen der Stadt *Lier* uyt de handen van den vyandt gelyck hier vooren is geſeydt, waer over ende over andere ſyne goede dienſten hy in het jaer 1599 den 12. December, alſwanneer hunne Hoogheden *Albertus* en *Iſabela* hunne blyde inkomſte binnen *Antwerpen* hebben gedaen ende aldaer plechtighlyck wirden gehu!dt, door den geſeyden Arts-Hertogh Ridder is geſlagen.

Hy hadde in eerſten houwelyck *Eliſabeth van Deurſten*, ende in tweede houwelyck *Magdalena van Gameren*, de welke, naer dat hy op den 17. Juny 1615 in den ouderdom van 72 jaeren was overleden, voor hem in de Parochiaele Kercke van den H. *Jacobus*, in de Capelle van de H. *Dymphna*, tot *Antwerpen*, heeft doen ſtellen dit Gedenckſchrift:

DEO SACRUM, ET DICATUM MEMORIÆ N. V. IACOBI DASSA, EQUITIS, QUI IN HAC URBE CONSULATUM VII. GESSIT, LIRAM OPPIDUM AB HOSTE IMPROVISO OCCUPATUM, INTER PRIMOS DUCTORES RECUPERAVIT. EXCESSIT XVII. IUNY MDCXV. ÆTATIS ANNO LXXII. MAGDALENA VAN GAMEREN MARITO M. P. QUÆ EUM SUBSECUTA MDCXVII., CUM VIXISSET LIII ANNOS.

Bladz. 20. *Lin.* 22.

Egidius de Meera was Schepenen van *Antwerpen* in de jaeren 1595, 96, 97, 98, 99, alfwanneer hy den 12. December op de Huldinghe van de Arts-Hertoghen *Albertus* ende *Elifabeth* door den felven Arts-Hertogh, beneffens Joannes *van Brecht*, *Lancelottus t'Seraerts*, *Robertus Tucher*, *Nicolaus Rockox*, *Joannes de Stembor*, ende *Jacobus Daffa*, Ridder geflaghen wirdt. Hy was Treforier der felve Stadt 1602, 3, 4, Schepenen 5, 6, 7, Borgemeefter 10, Schepenen 1612, in welck jaer hy ftirf. Syne huyfvrouwe was *Margarita l'Hermite*, fyne nichte fougermeyne, dochter van *Thomas*, ende van *Margarita van Ranft*. Hy was fone van *Lucas de Merre* gefeyt *de Meera*, gebortigh ende Schepenen van *Antwerpen* 1571, 72, 73, 74, 75, en 77, ende van *Anna van der Linden*, dochter van *Antonius*, Schepenen van *Loven*, ex matre *Hermeys*, ende van *Catharina van Bouchout*.

Den gemelden *Lucas de Meera* was fone *Jans de Merre*, ende van *Catharina de Heymomez*; clynfone *Jans de Merle* gefeyt *de Merre*, ende van *Heylwich Gillis*; ende achter-clyn-fone *Jans de Merle* gefeyt *de Merre* (fone *Jans*, ende van *Jolente de Jaurieu*), ende van *Catharina van der Bercht*. Siet *Nobil. part.* 1. *pag.* 119. *Div. Rer. Lovan. pag.* 85.

Bladz. 20. *Lin.* 23.

Melchior van den Cruyce, gefrancifeert *de la Croix*, Schepenen van *Antwerpen*, was fone van *Francifcus*, ende van *Judoca de Meyere*. Hy hadde in eerften houwelyck *Barbara van den Heetvelde*, moederlycke moeije van *Jacobus Boonen*, Arts-Biffchop van *Mechelen*; ende in tweeden houwelyck *Anna de Camarena* (dochter van *Joannes*, ende van *Maria de San-Juan*), met de welcke hy op den 26. July

1587 voor den Notaris *Gilis va' Boffche* binnen *Antwerpen* maeckte contract antenuptieel, geaffisteert fynde van *Livinus Torrentius*, Biffchop van *Antwerpen*, van *Francifcus van den Cruyce*, fynen vader, ende van *Alonfo Camarena*, haeren broeder. Hy wirdt Ridder bij Brieven van den 15. Meij 1600, daer naer Treforier-Generael van de Heeren Staeten, ofte (gelyck hy genoemt wordt in de Commiffie voor *Antonius van Berchem* van den 10. Feb. 1605, ende in de gene van den 10. April 1621, hier vooren bladz. 104 gemeldt) *Confeiller & Receveur Gñal des Aydes du Pais de Brabant.*

Met fyne tweede huysvrouwe heeft hy op den laeften February 1618 voor den Notaris *Petrus t'Serflevens* binnen *Bruffel* gemaeckt Teftament, by het welcke fy hunne Graf-plaetfe vercofen in de Cathedraele Kercke tot *Antwerpen* in de Capelle van de H. Urfula in het graf van *Gafpar van den Cruyce*, Canonick der gefeyde Kercke, fynen Broeder; in welck Teftament ftaet dit volgende: *Geven ende maecken fy de Fabricque va' Prochie daer fy aflyvich fullen commen te wordden voor hen onrechtveerdigh goet oft fy eenich onwetens hadden (dwelck Godt behoede) twelff guldenen eens.* Siet over defe maniere van voor fijn onrechtveerdich goedt iet aen de Kercken te laeten, de *Gedenck-Schriften op het Leven van S. Rombaut pag.* 116.

In het jaer 1621 den 22. Juny maeckte hy voor den felven Notaris *t'Serflevens* tot *Bruffel* contract antenuptieel met *Ifabella de Meyere*, fijne derde huijsvrouwe.

Defen *Melchior van den Cruyce* wilde ende begeerde dat op alle de faterdaghen van het jaer, als oock op de Feeftdaghen van de H. Moeder Godts *Maria*, ende op den Feeftdagh van de dry Koningen, des avondts voor het Beeldt van *Maria*, ftaende op den hoeck van de Bleeck-ftraete binnen *Mechelen* foude branden eene ruete keerfe van acht in het pond als te fien is uyt defen Erf-Brief verleent bij Schepenen van *Mechelen* op den 3. July 1595,

„ Sr. *Melchior van den Cruyce* heeft vercocht
„ aen Jouffrouwe *Maria Pitz* een ftynen-huys
„ metten gronde ende toebehoorten geftaen ende
„ gelegen op den hoeck van de Bleeck-ftraete alhier
„ tuffchen de felve Bleeck-ftraet ter eendere ende
„ des voorñ Sr. *Melchior van den Cruyce* groot huys
„ ende erve ter andere zyde, comende ter zyde
„ vuyte in de felve Bleeck-ftraete, *a D. M. &*
„ *etiam a Comite de Hoochftrate*, ende fulcx hy ver-
„ coopere dat vercregen heeft van *Michiel Yfewyns* den
„ feven-en-twintichften July *anno* 1591 volgende
„ den Erfforieve daer aff zynde; wefende 't felve
„ huys belaft met ontrent feven ftuvers Heeren
„ Chys aeñ Grave van Hoochftraeten, item twin-
„ tich p. payements de Kiften op 't Groot Beghyn-
„ hoff, ende acht ftuvers de Cure van Sinte Peeters
„ te voren 't Convent vañ Auguftynen in oude Chys,
„ ende feffe gulden den Sange van Sinte Catherine
„ Kercke, ende gel. feffe gulden *Elifabeth Vermeu-*
„ *len* oft haire erffgeñ. beyde jonge Chyfen, dair
„ jairl. ende erffelyck vuytgaende, fonder by den
„ voorñ coopere dyen aengaende oft anderfints in
„ eeniger manieren wairfchap oft garand te gelo-
„ ven, dan fal de voorfcreven coopere hebben en-
„ de wordt hem by de vercooper gecedeert 't waer-
„ fchap d'welck gelooft is geweeft by *Elifabeth*
„ *Vermeulen* voorfcreven in 't vercoopen van den
„ voorñ huyfe aen den voorfcreven *Yfewyns* die
„ 't felve huys als laft hebbende vañ voorñ *van*
„ *Cruyce* gecocht hadde; ende defen coop es ge-
„ fchiet om ende overmits der fommen van drye
„ hondert gulden eens gereet betaelt, boven eene
„ Rente van twee gulden erffel. onquytbair die
„ de ſſ. cooper dair bekent ende bewyft by de-

„ fen, ten behoeve van het licht van het Beelt
„ van Onfer L. Vrouwen ftaende op den hoeck
„ van den felven huyfe, ende tot reparatie van
„ lanteirne aldair, te weeten tot een rueten kierffe
„ van acht ftucken in 't pont, die t' alle fa'erdaghe
„ ende t' elcken Lieve Vrouwen dage mitsgaders
„ op ten drye Coningen dach, altyt des avonts
„ aldair ontfteken ende geftelt fal worden, by dyen
„ van den voorfcreven huyfe by tyden zynde, waer
„ vore ende op dat 't felve te bat foude worden
„ geffectueert met de voorfcre' twee gulden 't
„ fiaers fy cooperffe 't voorfcreven huys fpecial.
„ verbindt ende verobligeert by defen, omme by
„ gebreke van dyen; by den Heere Paftoir van
„ Sinte Peeters Kercke vf. by tyden fynde op 't
„ voorn' huys geprocedeert te worden, welcken
„ Heer Paftoir de forge dair toe noodich wordt
„ gerecommandeert. iij. July 95.

Dat nu defen Sr. (*Señor*) *Melchior van den Cruijce*, vercooper van dat huijs, den felven is daer wij van fpreken, blijckt uijt dien dat *Melchior van den Cruyce*, Ridder, ende Vrouwe *Anna Camarena* fyne huysvrouwe, hebben vercocht een ander huys geftaen in de Vooght-ftraete tot *Mechelen*, waer inne den cooper gegoedt ende geëert is den 17. October 1601, fijnde fijn groot huijs in de voorgaenden Goedeniffe vermeldt, ftaende in der daedt in de Vooght-ftraet, achter ende neffens het ander huijs het welcke den hoeck maeckt van de Bleeck-ftraet.

Bladz. 20. *Lin.* 24.

De gene die aldaer alleenelyck met hunne voor-naemen genoemt fijn, vindt men aldus by *Peeter Bot* in fyne *Nederlandtfche Beroerten* fchryvende over het ontfet der Stadt *Lier* op het jaer 1595, ende waeren feer waerfchynelyck Capiteynen van de Borgerlycke wachte der Stadt *Antwerpen*.

Bladz. 21 Lin. 11.

Terwylen de Borgers van *Mechelen* vertrocken waeren naer *Lier*, wirden van Stadts wege eenige uytgefonden om te vernemen naer den uytval, gelyck bethoont de Stadts Rekeninge van 1595 in defer voegen:

„ Bet. *Andries* den Buylraeger van geweeft te
„ hebben op den xiiij. October 1595 ontrent *Liere*
„ ende aldaer te vernemen naer t fucces van t gene
„ den Comniffr. mt die Borgerie hadden int
„ concipieren fecours van *Liere* xxx f.

„ Bet. *Heynrik van Houtfen* pachter van *Heyft*
„ voer het derven van fynen peerde dwelck vuyt
„ fynen waghen gefpannen was, en wert gefon-
„ den naer *Liere* op den xiiij. October 1595 met
„ een man om ghaen te v'nemen ofte die Heeren
„ mt onfe Borghers int Stadt van *Liere* gheraeckt
„ waeren, welck peert aldaer v'donckert wert
„ foe id. den Pachter t felve peert xiiij daghen
„ derfde xviij p.

„ Bet. *Rombout Davidts* die t felve peert te voor-
„ fchyn bracht heeft, voer een drinck penninck ij p.

„ Bet. die vrouwe int Wout voer den voor-
„ noemde peert vyf daeghen thaeren huyfe ge-
„ ftaen heeft mt een fpinte haveren xxvij f.

Bladz. 21. Lin. 30.

Volgens de Stadts Rekeninge zyn in het in-nemen der Stadt *Lier* uyt de Borgers van *Mechelen* gequetft geweeft *Steven Servranck*, ende den fone van *Bartholomeus van Oevere*, want aldaer gebracht wordt dit volgende:

„ Bet. *Steven Servrancx* Borger alhier hem ge-
„ gunt by Myn Heeren van der Weth overmits
„ hy gequetft is geweeft tot *Liere* in October laeft-
„ leden, volgens d'apoftille op Requefte vj p.

P

„ Bet. *Bartholomeus van Oever*, ter affistentie
„ en om te doen cureren fynen foone, die naer
„ d. hy lange tydt gevochten hadde tegen den
„ viandt wefende in Octobri laeftleden binnen *Lie-*
„ *re*, heeft een loot in fyn been gecregen, vol-
„ gende die Requefte , ordinantie, en quitantie
„ xij p.

„ Bet. *Bartholomeus van Oevere* acht guldens
„ eens om daer mede te betaelen Mr. *Joris de Bruy-*
„ *ne* die fyne loon gecufeert hadde van den fcuet
„ gecregen in fyn been binnen de Stadt van *Liere*
„ volgende d'ordinantie van xxvij November 1595,
„ viij p.

Bladz. 23. *Lin.* 19.

Ten is niet alleen *Ioannes Bernartius* die feght
dat den Baron *de Baffigni*, Gouverneur van *Me-*
chelen, naer middagh ten tyde van het ontfet van
Bruffel naer *Mechelen* is gekomen; maer dit word
oock beveftight door de Stadts Rekeninge van het
jaer 1596, in de welcke aldus wordt gebracht de
betaelinge over de maeltydt door den Gou-
verneur alsdan met eenige Heeren van het Ma-
giftraet genomen:

„ Bet. den Concherge van Stadthuyfe van dat
„ hy bereyt heeft op d. xiiij. October laeftleden dat
„ Myn Heere den Baron *van Buffigni* gecomen was
„ van Bruffel, die maelty voer de voors' Heeren
„ geaccompagneert mt Myn Heere den Scoutyt,
„ de Commr. en Treforier volgende haer billet.

Bladz. 23. *Lin.* 29.

Naer dat de Stadt *Lier* van den vyandt was ver-
loft, heeft het Magiftraet de felve Stede aenftondts aen
de Weth van *Mechelen* toe gefonden defen vol-
genden Brief van danckfegginge:

,, Eerw. Edele Vrome Wyze en feer Voirfin-
,, nighe Heeren.
,, Wy hebben nu in onfen extremen noot (wan-
,, neer men de befte eñ ghetraufte vrinden ghe-
,, woenelyck es te proevenen en' te kennen) met
,, ter daet en' by experientie bevonden uwer E. en
,, der onderfaten van dien goede eñ oprechte af-
,, fectie, die de felve fyn draghende tote voorde-
,, ringhe en' defenfie van' dierfte Goets, der Ca-
,, tholicque Religie en' van zynder Mat' als niet
,, getwyfelt oft gediffereert hebbende daer voor in
,, hazaert te ftellen uwer E. goet en' bloet, daer
,, af wy der felver en' allen en' eenenyghelyc-
,, ken van uwer E. goede Borgher en Onderfaten
,, hen daer inne gheemployeert hebben niet te vol-
,, len en konnen oft en vmoghe te bedancken
,, bekennende en' haudende ons des oyck te meer ver-
,, bonden en verobligeert van gelycken te doene
,, naer onfe cleyne faculteyt; Ons is van herten
,, leet, dat wy overmits de onghefteeltheydt en'
,, quade provifen, niet vmoecht en hebben uwer
,, E. ghefondē Heeren Capiteinē en goede Borghe-
,, ren beeter tractement te doene, maer zullen
,, uwer E. ghelieven den goeden wille voor het
,, effect te nemen, Godt almachtich lovende en'
,, danckende dat zyne Goddelycke goedtheyt be-
,, lieft heeft deur uwe E. als fyne inftrumenten
,, ons in den voorf. onfen noot foe tytelyck ende
,, gheluckighlyck te fuccureren. Eerw. Edele Vro-
,, me Wyfe eñ feer Voirfinnighe Heeren ons hier
,, mede foo ghedienftelyck als wy vmoghē tot
,, uwe E. ghebiedende, bidde' Godt almachtich der
,, felve te hebbene en' te conferverene in fyne God-
,, delycke gratie eñ ons in de felve van uwer E.
,, Vuyt Liere defen xiiij. Octobris 1595. *Onder ftont*
,, *ghefchreven*: Uwer E. tē dienfte. Die Voerfchepe
,, Scepene en Raet der Stadt van Liere. *Onderteec-*
,, *kent*: Courtois. *Op den ruggbe ftont ghefchreven:*

,, Eerw. Edele Vrome Wyſe en ſeer Voorſinnighe
,, Heeren Myn' Heere Com'unem'rē Scepenē ende
,, Raet der Stadt van Mechelen onſen Weerden
,, Heere. *En waré beſeghelt metter Stadt Seghel te*
,, *halve van* Liere.

Bladz. 24. *Lin.* 11.

Raeckende het overkomen van den Borgemeeſter van *Bruſſel* met de Borgers van aldaer tot het ontſet der Stadt Lier, bevindt men in een oudt Handt Schrift der Stadt *Bruſſel* dit volgende:

,, Item dit jaer 1595 in Octob. trock uyt *Bruſſel*
,, naer *Lyere* den Borgemeeſter *Henryk van Dongel-*
,, *berghe*, met veele gewapende Borgeren der ſelve
,, Stede, en ſy trocke' langſt *Mechele*' deure met
,, alle haeſte, want *Lyere* was in noot.

Wy hebben hier voren geſeydt dat aen den geſeyden Borgemeeſter alsdan wegens de Stadt *Mechelen* zyn gepreſenteert vier ſtoopen wyn; dit wordt verandwoordt in de Stadts Rekeninge van het jaer 1596 in deſer voegen:

,, B t. van vier Stadts ſtoopen wyns gepreſen-
,, teert op d. xv. Octobris 1595 den Borg'mr. van
,, *Bruſſel* commanderende over die Borgerie der ſelve
,, Stadt, gecomen alhier om te trecken naer *Lier*
,, ende die ſelve te ſecoureren.

Hier voren is oock geſeydt dat aen den Borgemeeſter ende aen den Secretaris van *Bruſſel* daegs te voren vier ſtoopen wyn waeren gepreſenteert geweeſt; ſulcks bewyſt de gemelde Rekeninge aldus:

,, Bet. den Borgmr. en Secretaris van *Bruſſel* voor
,, vier Stadt ſtoopen wyns, de ſelve gepreſenteert
,, op d. xiiij. Octobris 1595.

Den bovengemelden *Henricus van Dongelberghe*, Heere van *Herlaer*, was ſone van *Jacobus*, Ridder, Droſſaerdt van Brabant, ende van *Magdalena van Bourgogne-de-Herlaer*; hy is menigmael Borgemeester geweest der Stadt *Bruſſel*, ende wierdt op de Huldinghe van de Arts-Hertoghen *Albertus* ende *Eliſabeth* aldaer door den ſelven Arts-Hertogh den 30. Novemb. 1599 Ridder gemaeckt; hy trouwde in eersten houwelyck *Franciſca de Langhe*, suster van *Carolus de Langhe* (gelatiniteert *Langius*), Doctoor in de Rechten, ende Canonick der Dom-Kercke van *Luyck*, den 29. Julii 1573 overleden, beyde kinders van *Joannes de Langhe*, Heere van *Beaulieu*, Secretaris van Keyſer *Carel* den V., ende van *Philippus* den II., ende van *Antonia de la Sale* (gelatiniteert *de Aula*), gestorven tot *Bruſſel* den 30. Decemb. 1563, ende aldaer in O.-L. V. ter *Capelle* Kercke met Graf-Schrift begraven; ende in tweeden houwelyck ten jaere 1588 *Adriana Borluut*, Vrouwe van *Zillebeke*, dochter van *Adrianus*, Heere van *Zillebeke*, ende van *Guillelmina Trieſt*, uyt welck houwelyck onder andere geboren is *Henricus-Carolus van Dongelberghe*, Raedts-Heer in den Raede van Brabant, Baron van *Reſves*, Autheur van het werck *Prœlium Woeringanum Joannis I. Loth. & Brab. Ducis*, quo aº. 1288 Duc. Limb. ad Brab. acceſſ. Brux. 1641. Fol. Siet beſonderlyk Juriſp. Her. pag. 391. Paquot tom. 3. pag. 199., tom. II. pag. 154. Généal. de quelques Fam. des Pays-Bas, Amſt. 1774. grand 8º. pag. 112.

Het is ſeer waerſchynelyck dat den geſeyden Borgemeeſter met de Borgers van *Bruſſel* naer *Lier* niet is voorts-getrocken, gemerckt de Borgers van *Antwerpen* op den 14., ende die van *Mechelen* op den 15. October uyt *Lier* zyn wedergekeert.

Bladz. 24. Lin. 20.

Den Brief wegens den Raed van Staet toegeſonden aen het Magistraet van *Mechelen* in andwoorde van de blyde tydinge over het ontſet der Stadt *Lier*, was als volght:

„ Tres Chiers & Efpaulx Amys. C'eft une tres
„ grande & aggreable nouvelle, que celle que nous
„ envoyez par la v're efcrite hier foir a fept heu-
„ res du beau exploict faict p vos bourgeois a
„ laffiftence des bourgeois & foldats du Chafteau
„ d'*Anvers*, au fecours & recouvrement de la Ville
„ de *Liere*, dont la perte nous fuft efte aultant
„ luctueufe & dommageable, comme la conferva-
„ tion en eft neceffaire; Nous en rendons en pre-
„ mier lieu infinies grés a la bonte divine, de
„ navoir voulu laiffe perdre icelle bonne Ville, &
„ puis louons grandement la diligence & follicitu-
„ de dont avez procuré que vofd. bourgeois feiffent
„ fi bien leur debvoir comme l'heureufe iffue la
„ tefmoingne & en aurons fovienance a touttes
„ occafions de v're advantaige, prians avecq ce
„ Dieu, Tres Chiers & Efpaulx Amys, vous avoir en
„ fa fainte garde. De *Bruxelles* le xv d'Octobre
„ 1595. A. v. *Souls eftoit efcript*: Par ordonnance de
„ Meffeigneurs du Confeil d'Eftat du Roy fire
„ Sire en labfence de fon Ex.ce. *Signé*: Pratz. *La fu-*
„ *perfcription eftoit*: A nos Tres Chiers & Efpaulx
„ Amys les Comunem'res Efchevins & Confeil de
„ la Ville de *Malines. Sceliées du Cachet de Sa Ma.te.*

Bladz. 24. Lin. 32.

Den 15. October 1595, wefende Sondagh, ge-
fchiede binnen *Mechelen* eene generaele Proceffie
van danckbaerheydt over de becomen victorien, in
welcke Proceffie feer waerfchynelyck de Heeren
van het Magiftraet ieder met een brandende Flam-
beeuwe ofte Heytfe hebben gegaen, gemerckt in
de Stadts Rekeninge van het jaer 1596 ftaet dit
volgende:

„ Bet. den voornoemden *Lanwyn* voor xxix
„ Heytfen wegen' negentich pont tot viij f. tpont
„ by den felven gelevert opd. xv. October xcv,

,, gaende Proceffie generael om God te loeve en
,, dancken van de innenemen der Stadt en Casteel
,, van *Cameryck* volgende d ordinantie ende qui-
,, tantie.

Des avonts zyn de vreugde-vieren ontsteken ende
waeren van Stadts-wege veele Peck-tonnen gestelt,
oock op St. Rombouts Thoren, het welck ons
de gemelde Rekeninge bewyst.

,, Bet. *Bartholomeus Heregouts* voer twee en
,, dertich teer-tonnen gelevert te hebben in Octo-
,, ber xcv tot xviij f. de tonne. *Amel van Liere*
,, gelevert acht teer-tonnen tot xiij f. het stuck,
,, al t samen verbrant op de blyde tydinge van
,, victorien van *Cameryck*, *Dorlans*, ende *Liere*,
,, volgende twee biletten bedragende . . .

,, Bet. *Gommaer van Hoevorst* mt syne confoor-
,, ten luijers voer datse die teer-tonnen hebben
,, opd. Toren gedragen en die gade geslagen te
,, hebben.

,, Bet. den Timmerlieden defer Stadt twee guld.
,, x st. eens hunlieder geschoncken voer stellen die
,, Peckvaten op den Toren op de blyde tydinge
,, van de victorie van de Stadt en Slote van
,, *Cameryck* ij p. x f.

Bladz. 25. *Lin.* 1.

Wy hebben hier voren verhaelt dat het Magi-
straet van *Antwerpen* geordonneert hadde van over-te-
brengen de goederen die hunne Borgers uyt *Lier*
hadden mede gebracht; ende foekende dusdanige
loffelycke Ordonnantie alhier te voegen, hebben
wij daer van verfocht copie, de welke de
Heeren van het Magistraet ons door den Heere
P. *van Setter*, hunnen Raed-Secretaris, bij Brief
van den 15. Meert 1779 hebben gelieven toe te
fenden in authentique forme, luijdende als volght:

,, COPYE uijt den Ordonnantie Boeck der
,, Stadt *Antwerpen*, berustende ter Secretarije der
,, voorschreve Stadt, waer in (onder andere Volu-
,, mine E folio 85.) staet als volgt:

,, Geboden eñ wtgeroepen bij Mijnen Heeren
,, Schouteth, Borgm'ren ende Schepeñ der Stadt
,, van *Ant.pen* op den 16. Octob. 1595.

,, Alsoe ter kennisse van de Heeren eñ Stadt
,, gekomen is, dat de goede borgeren ende
,, innegesetenen def. Stadt hen soo gewillich getoont
,, ende vromel. gequeten hebbende in 't recou-
,, vrement van Stadt van *Lijere*, den vijandt hebben
,, affgenomen, diverse packen eñ fardeelen daer
,, inne bevonden syn verscheijden Kerck gewanten,
,, cleederen meublen ende goeden toebehoorende
,, den Kercken eñ gemeijnen Borgeren aldaer:
,, ende gemerct egeen redene en soude syn dat
,, de selve Kercken ende Borgeren daer aff soude
,, blyven gefrustreert, besundere ten respecte van
,, Borgeren ende innegesetenen def. Stadt wyens
,, voernemen alleenl. is geweest den gemynen
,, vyant te crencken tot soulagemente eñ hulpe
,, van hunne gebueren: soe gebiedt men van wegen
,, als vore, dat eenigel. die eenige Kerckgewanten
,, cleederen meublen oft goeden der voorf. Kerc-
,, ken oft innegesetenen van *Lijere* toebehoord
,, hebbende vuyter selve Stadt hebben gebrocht,
,, oft die sy onder hebbende, de selve terstont
,, te brengen op 't Stadthuijs alhier in de groote
,, Camere, alwaermen gewoon is den Breeden
,, Raedt te houden, ende die te leveren in handen
,, van Co'miss.n daer toe geordonneerd, ten eijnde
,, daer aff note werde gehouden, ende dat die d. naer
,, mogen wordden gerestitueert aen den genen die
,, men bevinden sal de selve toetebehooren, mits

„ den hebber der selver nochtans gevende alle
„ redel. voernoegen ende satisfactie; Ordonnerende
„ den Dekens van de Gulden, Capiteijnen en
„ Officieren van de Borgerl. Wachte, mitsgaders,
„ aen alle ouders en meesters in hun bedwanck
„ hebbende eenige persoonen, jongers oft andere,
„ die eenige alsulcke goeden oft meublen syn
„ onder hebbende, de hant aen te houden ten
„ eynde de selve goeden en meublen terstont ten
„ voerschyne werdden gebrocht, op pene van
„ daer af te moeten verantwoorden in hennen
„ eygen name.
„ De bovenstaende Copye gecollationneert tegens
„ den voorschreven Ordonnantie Boek is daer mede
„ bevonden te accorderen door my ondergeteeken-
„ den Raed Secretaris der Stad *Antwerpen* desen 15.
„ Meert 1779. *Onderteekent* : P. VAN SETTER.

Bladz. 25. Lin. 18.

Het Gouvernement verstaen hebbende dat de Borghers van *Mechelen* eenige Kryghs-gevangenen uyt *Lier* hadden mede gebracht, sondt aen het Magistraet dit order:

„ Treschiers & Espaulx Amys. Estants advertiz
„ que vos bourgeois auroient ammene a *Malines*
„ quelques ennemys prins prisonniers a *Liere*,
„ Nous avons trouve convenir de vous requerir &
„ neantmoings ordonner au nom de Sa Mate.
„ de donner ordre que nul desd. prisonniers soit
„ eslargy sans ordonnâce expresse de son Exce.
„ ou la nre pour convener ainsi u service de
„ sad.te Mate. Atant ny veuillez faire faulte, &
„ Dieu vous ait Treschiers & Espaulx Amys e sa
„ sainte garde. De Bruxelles le xvj.e en Octobre.
„ 1595. A v. *Soubs estoit escript* : Par ordonnance
„ de Messeigneurs du Conseil d'Estat du Roy nre

,, sire en abſence de ſon Exce. *Signé*: Pratz. *Au dos*
,, *eſtoit eſcript*: A nos Treſchiers Srs. & Eſpaulx
,, Amys les Eſcoutette Communemrés Eſchevins
,, & Conſeil de la Ville de Malines. *Et ſcellees du*
,, *Cachet de Sadie. Maxe.*

Bladz. 25. *Lin.* 36.

Den Brief wegens den Grave van *Fuentes* aen het Magiſtraet van *Mechelen* over het Ontſet van *Lier* toegeſonden, ende waer van hier voren breeder is gemelt, was als volght.

,, Don *Pedro Enricques* Conte de *Fuentes* Lieu-
,, tenant, Gouverneur & Capne. Gnal.

,, Tres chiers & bien amez. Et vrē lrē du xvj
,, de ce mois, & le porteur d'icelle vrē Bourgue-
,, mrē nous a eſté le tresbien venu, & avons tres
,, volontiers ouy le rapport pticulier quil nous a
,, faict de tout ce qui eſt ſuccedé en la Ville de
,, Liere coē celuy qui y a eu ſa bonne part, &
,, y a mis la main a l'oeuvre, & a la verité c'eſt
,, une action de tres grande importance, & dont
,, vous demeurera & a vrē Bourgeoiſie une gloire
,, eternelle, ayant ſi liberalement hazardé vos
,, ſangs & vos vies pour le ſervice de Dieu & du
,, Roy, & ce pour laſſiſtence de vos voiſins ce
,, que nous ne celerons a ſa Mate. qui ne pourra
,, ſi non en recepvoir tres grand contentement, &
,, aux occaſions en faire la demonſtration qu'avez
,, ſi bien merité, & de nre' part nous vous don-
,, nons la parolle de nous en ſouvenir, pour vous
,, gratifier & en gūral & en pticulier quand Dieu
,, ſera ſervy nous en donner les moyens, ſoit
,, durant le peu de temps que ſerons en ceſte
,, charge, ſoit apres, & en quelque lieu que
,, nous ſerons, vous confeſſant que comme nous
,, avons une particuliere joye de ce remarcable

„ fucces; auffi nourrirons nous une particuliere
„ affection envers vous & vred' Bourgeoifie, la
„ quelle nous prions Dieu voulloir conferver &
„ vous avoir, Trefchiers & bien amez, en la fainéte
„ garde. De Cambray ce xx d'Octobre 1595. R. v.
„ *Signé* : El Conde de Fuentes. *Et plus bas* : Le Vaf-
„ feur. *La fup'fcription eftoit* : A Nos Trefchers & bien
„ amez les Efcoutette Communem'res Efchevins &
„ Confeil de la Ville de Malines. *Et cachetee du*
„ *Cachet de Sa Mate.*

Ten felven daghe 20 October 1595 fchreef *Don Alonfo de Luna*, Gouverneur van *Lier*, aen het Magiftraet van *Mechelen* den volgenden Brief van danckfegginge over het fecours aen hem gedaen tot het ontfetten der geleyde Stadt *Lier* :

„ Meffieurs. Je ne fcay par quel moyen ie poul-
„ dray meriter une faveur fi grande que de vré
„ bonne & libre volunte il vous at pleu me pref-
„ ter de menvoyer avecq une fi prompte diligence
„ les bourgeois de vré Ville de *Malines* pour affifter
„ au fecours de celle icy; je m'en refent tellement
„ v're oblige, que me vinray lheure content que
„ ne vous ay demonftre de combien ne defire m'en
„ revanger par quelque mien fervice & ainfi ie
„ vous fupplie bien affectueufement voulcir advi-
„ fer en quoy je fuis propre pour vous en donner
„ fatisfaction ou ie memployeray dauffy bonne vo-
„ lunte que en attendant vos commandemens, je
„ vous prieray me pardonner davoir fi longuement
„ differe de vous en baifer les mains, ce nat efte
„ faulte de bonne volunte, ains pour me retrouver
„ au lict mal difpos, & occupe a plufieurs affai-
„ res de cefte povre Ville co'e le povez confide-
„ rer, & nallant cefte la aultre effect je prie au
„ tout puiffant vous conferver, Meffieurs, en fes
„ fanctes grc'es me recommendant tres affectueuf-
„ ment es v'es. De *Lyere* ce 20 dOctobre 1595.

,, *Sous estoit escript* : Vre tresaffectionné amy
,, vous fare service. *Signé* : Don Allonso de Luna.
,, *La superscription estoit* : A Messieurs Messieurs les
,, Burgem'rs Eschevins & Conseil de la Ville de
,, Malines.

Bladz. 26. *Lin.* 30.

Ioannnes *Bernaerts* (gelatiniseert *Bernartius*), wirdt geboren tot *Mechelen* ten jaere 1568 ofte daer ontrent. Hy was sone van *Ioannes Bernaerts*, Schepenen van *Mechelen*, den 19. October 1595 overleden, ende aldaer in den ommeganck der groote Choore van S. Rombauts Kercke met grafschrift begraeven, ende van *Barbara Deens*, gestorven den 6. Sept. 1625; ende c'yn-sone van *Henricus Bernaerts*, oock Schepenen van *Mechelen*, ende van *Anna Smets* alias *Bellens*, beyde oock in S. Rombauts Kercke begraeven.

Hy begaf sigh tot de studie der Rechten in de Hoogh-Schole van *Loven*, ende wirdt aldaer Fiscus ende Deken van de Baceliers in die wetenschap, dan Licentiaet, daer naer Advocaet in den Grooten Raede, ende Advocaet-Fiscael van den Geestelycken Hove des Arts-Bisdoms van *Mechelen*.

Den 2. Januarii 1594, geassisteert synde van beyde syne ouders, ende van *Nicolaus Oudart* (gelatiniseert *Oudartus*), Doctoor in de Rechten, Canonick van S. Rombauts, ende Officiael des Arts-Bisschops van *Mechelen*, maeckte hy tot *Brussel* voor *Cornelius Wortzel*, Plebaen van S. *Michael* ende *Gudula* Kercke, ende Deken van O.-L.-V. tot *Breda*, contract van houwelyck met *Catharina van Breugel*, de welcke geassisteert was van Heer ende Meester *Guillielmus van Breugel*, geboortigh van *Oirschot*, Raedt ordinaris in den Raede van *Brabant*, ende van Jouffrouwe *Maria Coppins*, geboortigh van *Brussel*, haere vader ende moeder, ende van Heer ende Meester *Jan-Baptist Maes*, oock Raedt ende Advocaet-Fiscael in den selven Raede van *Brabant*, haeren neve ofte cosyn.

Door dit houwelyck wirdt hy aengetrouwden vrindt ofte maeghe met den vermaerden *Iustus Lipsius*, gelyck *Valerius Andreas* in syne *Biblioth. Belg.* seght: *magno Iusto Lipsio affinitate iunctus, qui Florem eum Belgarum nuncupabat*: ende veel claerder bevestight wordt door *Lipsius* self, die ter oorsake van onpasselyckheydt niet connende ten houwelyck comen, synen send-brief van geluck-wenschinge, aen *Bernartius* geschreven uyt *Loven* den 16. Januarii 1594, aldus eyndight: *Vale mi amice, & cum hæc leges fortasse jam Cognate*, hem met den selven brief sendende een Latynsch Gedicht ofte *Carmen in Nuptias* Iani BernartI I. C. & Catharinæ Breugeliæ *gratulatorium*, het welcke achter aen desen brief bevonden wordt.

By de gemelde syne huysvrouwe verweckte hy twee kinders, *Guillielmus Bernaerts*, Licentiaet in de Rechten ende Advocaet in den Raede van *Brabant*, die den 10. April 1631 overleedt, ende den 12. in de Kercke van de HH. *Michaël* en *Gudula* tot *Brussel* met Lyck-Blasoen begraeven wirdt; ende *Maria Bernaerts*, getrouwt met *Jacobus Coninckx*, Ontfanger van des Majesteyts Domeynen in het Quartier van *Halle* binnen *Henegauw*.

Onder verscheyde geleerde werckxkens door *Bernartius* in het licht gegeven, ende by *Valerius Andreas* ende *I.-F. Foppens in Bibl. Belg.* ende *Paquot Mem. Litt. des Païs-Bas tom. 15. pag. 109. & seqq.* in 't lange aengehaelt, nemt tot ons ooghwit uyt synen *Commentariolus* over het Ontset der Stadt *Lier*, breeder in de voor-reden deser gemeldt, waer over hem door de Weth van *Mechelen*, aen wie hy dit werckxken den 23. October 1595 by opdraght toegeschreven hadde, geschoncken syn vyftigh guldens, aldus in de Stadts Rekeninghe van het jaer 1596 verantwoordt:

„ Bet. Mr. *Jan Bernaerts* Advocaet alhier, vyftich
„ guld. eens voer feker Boecxken gemaeckt van
„ dinneminge van *Liere*, volgende dordinātie van
„ der Wet ... L. p.

Ende aen *Ioannes Mafius* tot *Loven*, die het felve ten jaere 1596 druckte, gaf de Weth van *Mechelen* thien guldens, die in de felve Stadts Rekeninghe aldus gebracht worden:

„ Bet. *Ioes Mafius* Boeckdrucker, van de voorf,
„ Boecxkens gedruckt te hebben, volgende dordi-
„ nantie van xiiij. Meert 1596   x. p.

Bernartius fieck fynde maeckte door *Zypenus* (waerfchynelyck *Zypæus*, dat is *van den Zype*) defe fyne gefteltenifle by brief kenbaer aen *Lipfius*, die hem daer over den 7. December 1601 feer trooftelyck antwoorde, hopende (foo hy fchreef) dat die onpaffelyckheydt fonder peryckel foude vergaen, doch te vergeefs, want hy ftirf van die fieckte den 16. der felve maendt, oudt 33 oft 34 jaeren, ende wirdt tot S. Rombauts by fynen vader begraven, achterlaetende fyne twee voornoemde kinders ende fyne huyfvrouwe *Catharina Breugel* weduwe, de welcke laeter in de Capelle van den H. *Judocus* binnen de gemelde Kercke van de HH. *Michaël* ende *Gudula* tot *Bruffel* by haere voornoemde ouders met grafichrift is begraven, als te fien is in *Bafil. Brux. pag.* 144., *Verbeerlyckt Bruffel tom.* I. *pag.* 408.

Siet boven dien in de wercken van *Lipfius* verfcheyde Brieven van hem aen *Bernartius*, aen *Breugel*, ende aen *Oudart*, als mede in *Syllog. Epift. Vir. illuft. Pet. Burmanni*, *Leidæ* 1727. *tom.* I. Siet oock de *Graffchriften van Mechelen tom.* I. *pag.* 38., 43., & 138. ende de *Gedenckfchriften op het Leven van den H. Rumoldus* bladz. 40.

Bladz. **26.** *Lin.* **37.**

De Geschenken wegens het Magistraet van *Meubelen* gedaen aen de Heeren *Nicolaus* ende *Joannes van der Laen*, als oock aen den Hopman *Cuyser*, ende aen *Henricus Walroy*, over hunnen besonderen dienst bethoont in het ontset der Stadt *Lier*, bevindt-men in de Stadts Rekeninge van het jaer 1596 verandtwoordt in deser voegen:

,, Bet. aen twee silveren vergulden Scalen ge-
,, sconcken by Myn Heeren van der Weth deen
,, aen Myn Heer den Commomr. Joncker *Jan van*
,, *der Laen* Heere van Schrieck en dander aen
,, Joncker *Niclaes van der Laen* voer de goede
,, offitie by hunlieden gedaen den xiiij. October
,, 1595 int recouvreren der Stadt *Liere* met die
,, Borgeren deser Stede volgende dordonnantie
,, van iiij Novem'. en quitantie   187 - 17 - 6
,, jc. LXXXvij p.

,, Noch bet. aen een doosken waer inne die
,, Schalen gesonden waeren van Antwerpen x s. vj d.

Bladz. **27.** *lin.* **4.**

,, Bet. aen een silveren Scale geschoncken aen
,, Hopman *Kauser* voer den getrouwen dienst by
,, hem gedaen in t recouvreren der Stadt *Liere* der-
,, waerts getrocken zynde die doen innegenomen
,, was van de Rebelle van syne Mat. volgende
,, dordonnan. van der Weth in date xxvj Octobris
,, 1595.   L. p.

Bladz. **27.** *Lin.* **6.**

,, Bet. aen vier Stad stoopen Wyns gepresenteert
,, Jonckr. *Henrick Walroy* voir syn devoir mede
,, gedaen int recouvreren de Stadt volgende ordon-
,, nanti. van' x. Novemb. 1595.   ix p.

Bladz. 27. *Lin.* 24.

De ontcoften over de Schilderye, verbeeldende het Ontfet der Stadt *Lier*, de welcke noch hanght op de boven-faele van het Stadt huys van *Mechelen*, worden in de Stadts Rekeninge van 1596 gebracht als volght:

„ Bet. *Jan Gbuens* fcilder van gefcildert ende
„ geconterfeyt te hebben die Stadt van *Liere*
„ mt omliggen' landouwe en het victorieux in-
„ nemen der felve by die van *Antwerpen* en
„ *Mecbelen* die dien felven morgenftont by den
„ Rebellen van fyne Mat. geweldichlycken innege-
„ nomen was geweeft, volgende dordinantie ende
„ quitantie   xLij p.

In de Stadts Rekeninge van het jaer 1597 word dien aengaende noch verandtwoordt dit volgende:

„ Bet. *Jan Gbuens* fcilder van gefchildert te
„ hebben die lifte en' pitafel van het conterfetfel
„ van d'innemen van *Liere*   xj p.

„ Bet. *Maurus Moreels* van gelevert te hebben
„ aen voorf. *Jan Gbuens* divers geflaghen gout
„ volgende zyn billet   vj p. xij. f.

Siet voorders over dit Stuck de *Gedenck-fchriften op het Leven van den H. Rumoldus* bladz 40.

Bladz. 29. *Lin.* 1.

Den Gedenck-Penning wegens het Magiftraet van *Antwerpen* geflaghen tot gedachteniffe van het Ontfet van *Liere*, vindt men in printe by *Laurentius Beyerlinck* in fyn *Opus Chronographicum pag.* 220., als oock by *Gerardus van Loon* in fyn Penning-werck, I. Deel *pag.* 469., doch met dit verfchil dat op defen laeften ftaet: PAVELVS LA FEVER, het welcke waerfchynelyck den ingefneden naem is van den genen die met dien Penning is vereert geworden.

Bladz. 29. Lin. 15.

Dat het Magiſtraet van *Antwerpen* met deſen boven gemelden Penning heeft vereert de Leydtsmannen ende eenige van hunne Borgers die ſig in dit ontſet wel hebben gequeten, blyckt by *Franciſcus Diericx*, Abt van *S. Salvator* tot *Antwerpen*, in ſyne *Fides & Trad. Sacrar. Reliquiarum Antv.* 1674 in 8º. pag. 212., alwaer hy verhaelt dat *Vincentius Meulewels*, eenen van ſyne voor-ouders, in het Ontſet van *Lier* geweeſt hebbende, door het Magiſtraet van *Antwerpen* ter dier oorſaecke met eenen der bovengemelde Penningen vereert was geworden.

Bladz. 29. Lin. 26.

A. *Van Meerbeeck* verhaelt in ſyne Cronyke dat de Stadt van *Antwerpen* aen de Borgers ſoude uytgeryckt hebben 2000 guldens om hun daer mede te vermaecken.

Bladz. 30. Lin. 20.

Die Proceſſie wordt wel door het volck genoemt *Proceſſie van de Furie*, maer volgens het *Directorium* van de Kercke van *Lier* is de waere benoeminge van dien dagh: *Circuitus Solemnis & Votivus S. Gummari, Confeſſoris*. Het Officie gebeurt *Ritu duplici ſecundæ claſſis*, gelyck op den Feeſtdagh van den H. Gummarus, behalven dat in het Gebedt *Deus Angelorum decus &c.*, in plaetſe van het woordt *Solemnitatem* geſeydt wordt *Commemorationem*, en dat'er ten deſen opſichte geene Ziel-Miſſe en gebeurt. Siet *dict. pag.* 30. *lin.* 25., en bemerckt dat de Reliquie Kaſſe van den H. Gummarus ſedert den 10. October naer middagh (ſy de den avondt van ſynen Feeſtdagh) in 't midden der Kercke uytgeſtelt blyft ten tyde der geheele Octave.

R

Bladz. 31. Lin. 7.

De Processie gekomen in de Lisper buyten-poorte, ende het Alder.-H. aldaer gestelt zynde opden wordt dit Motet gesongen:

„ Bellator fortis *Gummare*,
„ Nostrorum timor hostium,
„ Tuum semper defende populum
„ Contra impetum inimicorum;
„ Da gratiam, da gloriam,
„ Et inter arma bellorum
„ Cives tuos protege
„ Læta clientes tuos exhilarans victoria.
„ ℣. Benedicamus Patrem & Filium cum S. Spiritu.
„ ℟. Laudemus & superexaltemus Eum in sæcula.
„ Oremus &c.

Bladz. 31. Lin. 15.

De Processie wedergekeert in de Kercke, ende het Alder-H. gestelt synde op *S. Gommaers* Autaer, wordt voor den selven in 't musieck gesongen dit Motet:

„ Virum fortem *Gummarum* læti canite
„ Hilares psallite populi canentes,
„   „ Plaudite *Gummaro*;
„ Et læta mente & corde jubilo sonate,
„ Clamate victorem *Gummarum*,
„ Qui victis hodie triumphat hostibus,
„ Nam fortiter *Lyra* fugavit hostes,
„ Et furentium arma confregit.
„ ℣. Amavit Eum Dominus & ornavit Eum.
„ ℟. Stolam Gloriæ induit Eum.
„   „ Oremus.
„ Deus Angelorum decus & gaudium &c.

BYVOEGINGEN.

Bladz. 2 en 3. (*Claudius de Berlaimont*, Heere van *Haultepenne*.) Onder hem diende, ende in het Outfet der Stadt *Lier* was *Nicolaus van Heyft*, geboren den 14. Januarii 1553, die op fyn Afbeeldfel ofte Portrait dede fchilderen defe Spreucke: HAVT. BAR. LIER. ter gehengeniffe van *Hautepenne*, *Barlaymont*, en *Lier*. Daer naer quamp *Nicolaus van Heyft* in de Weth van *Mechelen*, getrouwt hebbende den 28. November 1598 *Clara van Brubefe*, dochter *Jans*, Rent-Meefter van *Mechelen*, ende van *Magdalena van der Aa*, *Philips* dochter; en clyn-dochter van *Guillielmus van Brubefe*, ende van *Anna Triapain*. Hy was fone van *Lodewyck van Heyft*, geboren den 14. October 1495, Licenciaet in beyde de Rechten, Advocaet in den Grooten Raede, Kerck-Meefter van de Parochiaele Kercke van de HH. *Joannes-Baptift* ende *Joannes-Evangelift* tot *Mechelen*, overleden den 10. Februarii 1558 (59), ende van *Ifabella Bogaert*, geftorven den 2. April 1571 (ex matre *van der Berckt*), fyne 2. huysvrouwe (fyne 1. geweeft hebbende *Barbara van Borbem*, overleden den 19. Julii 1532); clyn-fone van *Lodewyck van Heyft*, Schepenen van *Mechelen*, Kerck-Meefter der felve Kercke, geftorven den 1. (2.) October 1536, ende van *Catharina Gyfbrechts*, overleden den 14. April 1501 (ex matre *van den Walle* alias *van Campenhout*); achter-clyn-fone van *Lodewyck van Heyft*, Treforier van *Mechelen*, geftorven op den felven dagh en ontrent 19 uren naer fyne huyfvrouwe den 6. October 1489, ende van *Margarita de Helt* (dochter van *Godefridus*, Commune Meefter van *Mechelen*, ex matre *van Heymbeke*, ende van *Catharina van der Heyden*), ende overachter-clyn-fone van *Lodewyck van Heyft* (ex matre *van Dieft*), ende van *Anna van Roofendonck*, dochter *Dierickx*, Tresorier van *Mechelen*. Siet *Grafschriften van* Mechelen *pluribus locis*.

In iekeren Boeck der Goddelycke Diensten van de gemelde *S. Jans* Kercke, beginnende van den 2. Januarii tot den 31. December, met eenige Byvoeghsels op het eynde, dien Boeck *in Folio* oudt geschreven op papier sonder Tytel ofte Opschrift, gebonden in wtachtigh Perckement, ende bewaert in de Sacristye der geseyde Kercke, leest men aengaende de boven-genoemde persoonen der Familie *van Heyst* als volght :

„ April 14.

„ 1501. obiit *Catharina Ghyselbrechts*, uxor *Ludovici*
„ *ab Heyst*, Fabric. hui. Rectoris... Iacet in Sa-
„ cello Resurrectionis sub blaveo marmo. ere rede-
„ mito.

„ April 30.

„ *Ludovicus ab Heyst* ad augmentum horar. cano-
„ nic. in Sacello *S. Nicolai* extra portam Vaccariam
„ (Dominica ante primam Maij de Dedicatione
„ Templi) perpetuo decant. donavit 1525. . . . .

„ Maius 3.

„ Liberalitate dicti *Ludovici ab Heyst* cantantur
„ (ut trigesima Aprilis) in Sacello *Divi Nicolai*
„ horæ canoni. de Inventione S. Crucis ; pro
„ quibus . . . .

„ Junius 16.

„ Ipso die Anno 1462. obierunt *Godefridus de*
„ *Heelt*, Oppidi Machl. Burgimag., Dom.lla *Catharina van der Heyden*, conthor.; ad quorum
„ anniv. . . . decantan. *Ludovicus van Heyst*, huius
„ Fabricæ Rector, donavit . . . Conditorium eo-
„ rumdem est in navi Eccl. ad cornu Altaris *Divi*
„ *Andreæ*.

(133)

,, September 14.

,, *Ludovicus van Heyſt*, Rector huǥ Fabrice, in
,, augmentũ cultus divini nec non horarũ canonicarũ
,, perpetuo cum Miſſa (de Feſto exaltatio'is ſalu-
,, tifere Crucis in Sacello celigene *Nicholai* extra
,, portam Vaccariam) decantãdarũ , donavit a°.
,, 1529. . . . .

,, December 6.

,, Donatione dicti *Ludovici ab Heyſt* cantantur
,, hoc die in Sacello *Divi Nicholai*, hore canonice
,, cum Miſſa (de Beato *Nicholao*) in modum qui
,, ſupra (Septembris xiiij.) . . . .

In margine à dextris : ,, Omiſſum a°. 1577.

,, December 7.

,, A°. 1529. *Ludovico. van Heyſt* in ſublevamē
,, fideliũ a'iarũ , perpetuũq; ac ſolemne Aniver-
,, ſariũ Benefactorũ & F-urorum anteno'iati Sa-
,, celli D. *Nicholai* (Dominica poſt Feſtum eiuſdē
,, *Nicholai*) in antetacto Sacello a'nue decantandũ,
,, donavit . . . . ut ſup. (Septembris xiiij.)

In margine à dextris : ,, Omiſſum 1577.

In fine Libri : ,, Votivorum Sacrorum Fundationes.

,, Dies Dominic.

,, *Ludovicus ab Heyſt*, Oppid. Machl. à Magiſtratu
,, unus, contulit 1524. ad dictum Altare (dictum
,, *Boems*) . . .

,, Feria 2.

,, *Ludovicus ab Heyſt* predict. . . . . .

Ende in eenen anderen Boeck der ſelve Kercke,
geſchreven ende geſchildert op Perckement, waer
van hier voren *Bladz.* 54 geſproken is, ſtaet aldus:

„ Julius 19.

„ Obiit 1532. *Barbara van Borbem*, uxor *Ludovici*
„ *van Heyſt*, Advocati. Iacet in *Divi Rumoldi*.

„ Auguſtus xxvij.

„ Ipſo die Enceniarum Edis ſacre D. *Job'i*, ho-
„ norandus vir juris utriusq; Licenciatus *Ludovicus*
„ *ab Heyſt*, Conſilii Imperialis Mechlinie Advoca-
„ tus, nec non Edis p'ſcripte Edituus, & honeſta
„ *Iſabella Bogharts* ſolenne Sacrum anno ab in-
„ carnato Chriſto 1549. in Altari Deipare dicte
„ *Booms* . . . fundarunt . . . ad ſarcophagum pa-
„ tris Fundatorum in Sacello Reſurrectionis ſitum.

„ September 14.

„ *Ludovicus van Heyſt*, Rector hui. Fabricæ, do-
navit 1529. . . . .

„ September 27.

„ 1510. Obiit *Maria van Heyſt* (ſuſter *Lodewyckx*
wiens moeder *Gyſbrechts*), „ uxor *Judoci van der*
„ *Berckt*, Jur. Lic. Iacet in Sacello & ante imagi-
„ nem Reſurrectionis ſub blaveo marmore.

„ October 1.

„ Anno 1536. obyt *Ludovicus ab Heyſt*, duobus de
„ quinquaginta a'nis Fabrice huius Rector, Sca-
„ binusq; Oppidi Machliniani, vir omni genere
„ virtutum refertus, & in cauſis Eccliē huius q;
„ Reipublice ſepius ſpectate probitatis, qui pro
„ Anniverſario ſuo . . . ad monumentum eiuſd.
„ quod eſt in Sacello Reſurrectionis D. noſtri Ser-
„ vatoris ſub ſarcophago ere redemito . . . .

*Ecartelé : de ſable à 3 Croiſſants d'argent ; briſé
d'une étoile de même en abîme ; & de de Helt.*

,, October vj.

,, Anno 1488. obierunt honesti *Ludovicus van*
,, *Heyst*, Oppidi Machlinien' Reddituarius, ac Rec-
,, tor Fabrice huius, nec non Domicella *Marga-*
,, *reta de Heelt*, conthorales, ad quorum Aniver-
,, farium . . . . *Ludovicus van Heyst*, etiam Rector
,, Fabrice p'tacte, eorumdem filius benemeritus,
,, donavit . . . Inhumata funt prelibatorum corpora
,, in navi Ecclie fub blaveo marmore à latere Al-
,, taris *Divi Andree*.

Bladz. 29 *en* 106. (Vergulde Coppe - taffe.)
Dat is *Coupe*, *Taffe*, *Beker*, *Cop*, ofte *Schaele*,
gelyck blyckt by *Diericx Fides & Trad. Sacrar.*
Reliq. Bladz. 193, alwaer hy verhaelt dat *Blasius*
de Bejar, Ridder, Borgemeester van *Antwerpen*,
door de Weth van aldaer ten jaere 1600 met twee
Vergulde *Coupe-taffen* (*Cratere*) vereert wirdt om
dat hy in 't jaer 1598 hadde weten te bemiddelen
den opstandt tuffchen de Borghers ende het kryghs-
volck van 't Casteel. Die giften droeghen dit op-
schrift:

D. BLASIO DE BEJAR EQV. VRB. CON-
SULI, QVOD SINGVLAREM IN SEDANDO
MILITVM HVIVS ARCIS TVMVLTV OPE-
RAM NAVAVERIT, REMP. PACATIS CIVIB.
CONSERVAVERIT, METVQVE LIBERAVE-
RIT: S. P. Q. ANTVERP. OFFITII, MEMO-
RIÆ, ET GRAT. ERGO D. D.

Bladz. 56. (*Philibertus van Cranendonck*, Schep.
van *Mech.*) Hy wirdt daer naer Lieutenant Civiel
van *Ghent*, en Hooft-Schepenen van den Lande van
Waes, en stirf 1638. Syne huysvrouwe (te voren
weduwe van *Maximilianus Scheyffve*, Capiteyn, sone
Jans, Ambaffadeur in Engelandt, dan Cancellier
van Brabant, ende van *Genoveva van Hooghelande*)

was dochter van *Claudius de Longin*, Heere van *Lembeke* (naer syns huysvrouwens doodt Priester en Deken der Collegiaele Kercke tot *Aerschot*), ende van *Maria Gillis*, en clyn-dochter van *Laurentius de Longin*, Heere van *Lembeke*, en van *Grooten-Bygaerde*, Tresorier Generael van de Financien, ex matre *Bertholf*, ende van *Maria van Heylweghen*, ex matre *de Clerck-de-Boevekercke*. Syns vaders ouderen broeder *Joannes van Cranendonck*) eud. pag. 56.) wirdt Raedt in *Gelderen* by Brieven gegeven tot *Berghen* in *Henegouw* den 15. Junii 1580.

Bladz. 60. (*Margarita Cooman* .... met *Gaspar van Horne*. Sy trouwden tot *S. Rombauts* ten jaere 1588 naer den 28. October, dagh dat men den oncost hunder Dispensatie in de Roepen aengeteeckent vindt.

Bladz. 86. (*Martinus Roelants* ..... Raed des Coninghs .... binnen *Dendermonde*.) Siet hier syne Commissie tot dit Ampt, gegeven den 18. October 1572, soo wy de selve dessedert op de originele naukeurigh hebben afgeschreven:

PHLE par la grace de Dieu Roy de Castille, de Leon, d'Arragon, de Navarre, de Naples, de Sicille, de Maillorcque, de Sardaine, des Isles Indes & Terre ferme de la Mer Occeane, Archiduc d'Austrice, Duc de Bourgoingne, de Lothier, de Brabant, de Lembourg, de Luxembourg, de Gheldres, & de Milan, Conte de Habsbourg, de Flandres, d'Artois, de Bourgoingne, Palatin, & de Haynnau, de Hollande, de Zelande, de Namur, & de Zutphen, Prince de Zwave, Marquiz du St. Empire, Seigneur de Frize, de Salins, de Malines, des Cité Villes & Pays d'Utrecht, d'Overyssel & Groeninge, & Dominateur en Asie & en Affricque; à tous ceulx qui ces pñtes verront, salut, Comme il soit notoire a chũn de quelle defobeyffance & rebellion les manans & inhabitans de ñre Ville de *Tenremonde* ont ufe alencontre de Nous, ayans admis & receu en icelle Ville les Hereticques, rebelles, & ennemys de Dieu, de Nous, & de la Patrie, & fecourru iceulx de deniers & autres neceffitez contre Nous, lefquelz rebelles & ennemys fe feroyent depuis enfuyz pour crainte de noz forces ayant lad. Ville efte remife en ñre povoir & obeyffance, & il foit confequamment que pour telz crimes icelle Ville ait en rigeur de droit fourfait tous droiz, honneurs, auctorite, previleges, & libertez, ce neantmoins comme en toutes chofes voulons juftifiement faire proceder foit befoing preallablement enquefter & informer des chiefz, auct urs, & principaulx culpables, enfemble de la fource & origine dicelle rebellion, & qu'il ne convient que pendant lad. information ceulx qui peuvent eftre culpables de ces maulx & defordres demeurent en aũcte ou gouvernement de la Republicque & adminiftration de la Juftice, ains que le tout foit fait & regy cependant par Commiffaires par Nous ordonnez & eftabliz, comme en tel cas appertient: SCAVOIR FAISONS que pour la bonne cognoiffance & relation que Nous avons des perfonnes de *Jehan de Bonnieres* dt. *Souaftre*, Sr. *de la Vichte*, enfemble Mes *Martin Roelants*, & *Guillame de Grifpere*, Licenciez es Loix, avons iceulx par la deliberation de ñre trefchier & trefame Coufin Chlr. de ñre Ordre, Lieutenant, Gouverneur & Cap.ne Gñal en noz Pays de pardeca le Duc *dAlve* Marquiz de *Coria* &c., commis, depute, & ordonne, commettons, deputons, & ordonnons, affr. ledt. Sr. de *la Vichte* Chief & Gouverneur, & avec luy les fufnommez Confeilliers pour faire & adminiftrer dedens lad. Ville, Faulxbourgs, & Jurisdiction dicelle, la Juftice tant

S

criminelle que civile, decider & juger a plurali‑
te de voix tant les proces commencez & instruitz
que autres a commencer & instruire ; & au regard
dela Police led. Gouverneur pour y pourveoir &
ordonner par ladvis des suld. collegues, ensem‑
ble en tout ce qui en depend, selon linstruction
que leur en avons fait delivrer, le tout soubz le
resort de sire Conseil en Flandres, selon & en la
forme & maniere que auparavant lad. rebellion &
fourfait souloyent faire les Bourgm're, Eschevins,
& Conseil dicelle Ville, lesquelz avons suspendu &
suspendons par cestes de lexercice de leurs offices
& charges, jusques que autrement en soit ordonné ;
veullans neantmoins que loffice de Bailly soit ad‑
ministré par luy ou Lieutenant pour les prinses,
calenges, & executions en la maniere que sest
fait jusques ores en vertu de certain acte sur ce
despeche sur iceluy Sr. de *la Vichte* en date du pe‑
nultrieime de juillet XV.c soixanteneuf, sauf au re‑
gard des conjures & semonces qui cesseront pour le
respect desd. Conseillers qui sont juges deputez
de par Nous, pour laquelle cause il sera inferieur
a nosd. Conseillers jusques a ce que autrement y
avons pourveu, se riglant led. Bailly ou Lieutenant
selon ce que par sired. Gouverneur luy sera ordon‑
ne ; & ce aux gaiges & traittement, assavoir aud.
Gouverneur de mil livres du pris de quarante groz
sire monnoye de Flandres la livre par an, & par‑
dessus ce aura ladministration du Grant Bailliaige
des Ville & terroir dud. *Tenremonde* avec les de‑
meure, prouffitz, & emolumens y appertenans &
accoustumez, & aussi semblable acte de commet‑
tre & destituer les Officiers & faire tous exploitz
de Justice au plat pays & autrement, comme les
Grandz Bailliz de *Tenremonde* ont accoustumé avoir
jusques a pnt, & lesd. Conseillers auront chun
vingt quatre solz de deux groz monnoye dite de

traittement par jour, desquelz gaiges & traittem.ᵗ
Nous voulons & ordonnons que lesd. Gouverneur
& Conseilliers soyent payez & contentez de trois
mois en trois mois par les mains du Receveur commis a recevoir tout le revenu de lad. Ville de
Tenremonde & des confiscations dicelle pn't, ou autre advenir & des deniers de sa recepte a commencer lesd. gaiges & traitement avoir cours dois
le jour de leur serment respectivement & deshenavant tant quilz tiendront lesd. Estatz, & ausurplus
aux honneurs, droiz, preeminences, prerogatives,
libertez, franchises, & exemptions telles & semblables que telz Officiers & ceulx de noz Consaulx
Provinciaulx ont & joyssent a cause de leurs Estatz
& Offices durant ceste n're p'nte provision tant &
jusques a ce que autrement y aurons donne l'ordre & remede requiz; surquoy & de sy bien &
leaulment acquiter led. Sr. de *la Vichte*, Gouverneur, sera tenu faire le serment deu & pertinent es
mains de n'red. Cousin le Duc *d'Alve*, ou en son
absence es mains de n're trescher & feal Cousin &
Chl'r de n're Ordre le Duc *d'Aschot* Prince de
Chimay & de *Porcien*, Conte de *Beaumont* &c.
Chief & Superintendent de n're Conseil d'Estat durant l'absence de n'red. Cousin le Duc *d'Alve*, &
lesd. Conseilliers es mains dud. Sr. de *la Vichte*,
Gouverneur, que commettons a ce. Si donnons
en mandement a noz amez & feaulx les President
& Gens de n'red. Conseil en Flandres, Bailly &
Magistrat dud. *Tenremonde*, & a tous autres noz
Justiciers, Officiers, & subiectz & ceulx de noz
vassaulx, qui ce regardera, qu'ilz ayent a recognoistre doresenavant led. Sr. de *la Vichte* pour Gouverneur de lad. Ville de *Tenremonde*, & a luy &
aux Conseilliers ses collegues dessusnommez ilz portent tout respect, honneur, & obeyssance requise,
comme il convient pour n're service & le bien de

lad. Ville fans aucun contredit ou empefchement, mandons enoultre a n'red. Receveur commis a recevoir tout le revenu de lad. Ville & des confifcations dicelle qu'il paye, baille, & delivre dorefenavant auld. Gouverneur & Confeilliers & a chûn deulx refpectivement les gaiges & traittem'. deffus declairez aux termes a commencer & a durer tant quilz tiendront lesd Eftatz, comme dit eft, & en rapportant cefmeifmes pn'tes, vidimus, ou copie auctenticque dicelles pour une & la premiere foiz, & pour tant de foiz que meftier fera quictance fur ce fervant defd. Gouverneur & Confeilliers refpectivement, Nous voulons tout ce que paye, baille, & delivre leur aura efte a la caufe dite eftre paffe & alloue en la defpence des comptes & rabatu des deniers de la recepte dud. Receveur pn't ou autre advenir qui paye laura par noz amez & feaulx les Prefident & Gens de noz Comptes a *Lille* ou autres qu'il apperliendra, ausquelz mandons femblablement ainfi le faire fans aucune difficulte. Car ainfi Nous plaift il. En tefmoing de ce Nous avons fait mettre N're Seel a ces pn'tes. Donne en n're Ville de *Maeftricht* le xviijme jour dOctobre lan mil cincq cens foixantedouze, de Nos Regnes, affavoir des Efpaignes, Sicille &c. le xvijme, & de Naples le xixme.

Sur le repli : Par le Roy.
Signé : d'Overloepe, *avec paraphe.*
Et au dos :

Aujourdhuy lunziefme de Novembre xvic foixantedouze le Sr. de la *Viebte*, denomme au blancq de ceftes a fait le ferment deu & pertinent de leftat de Chief & Gouverneur de la Ville de *Tenremonde*, Faulxbourgz, & Jurifdiction dicelle, felon le contenu dud. blancq en conformite des nouvelles Ordonnances de Sa Ma.te, & ce es mains de Monseigneur le Duc *d'Arschot* a ce commis en absence de Monseigneur le Duc *d'Alve*, Gouverneur Gn'al &c. a *Bruxelles* les jour & an susd.

Plus bas : Moy pn't.

Signé : Pottelsberghe, *avec paraphe*.

Aujourdhuy l'unziesme jour de Novembre xv.c soixantédouze M.es *Martin Roelants*, & *Guillame de Grispera*, Licenciez es Loix, denommez au blancq de cestes, ont fait le serment deu & pertinent des Estatz de Conseilliers de la Ville de *Tenremonde*, selon le contenu dud. Blancq en conformite des nouvelles Ordonnances de Sa Ma.te, & ce es mains du Sr. de la *Vichte* Gouverneur de lad. Ville, a *Bruxelles* les jour & an susd.

Plus bas : Moy aussi pn't :

Signé : Pottelsberghe, *avec paraphe*.

Bladz. 88. (Schilderye, tegenwoordig hangende in de Wees-kamer.) Den 20. October 1698, op de propositie oft men het Portraict van het Magistraet knielende voor het Crucifix wederom in 't Collegie soude hanghen, oft op de voor-saele, ende het Collegie geheel met goude-leideren behangen, is geresolveert sulcken disrespect aen onse Voorsaeten niet te doen, maer 't selve wederom in 't Collegie te harghen. Dat men oock aen 't selve in 't innecomen dobbel deuren soude maecken, en geene gordyne hanghen in de plaetse van de tweede gelyck de mode was, alsoo het Collegie niet te dicht en coste gesloten worden. *Ex Annotat. manu-script. D. Bern.-Vict. Douglas dicti Schott, tum Decani Lapificii, Vol. IV. in Fol. pag.* 2.

VERBETERINGEN.

Bladz. 53. en 54. (*Carolus de Clerck*, Heere van *Boevekercke*,... in de Choore van *S. Jans* voor den grooten Autaer begraeven by *Carolus le Clercq*, synen groot-vader.) Dit schynt aldus te syn uyt het opschrift van den Serck-steen aldaer liggende, doch soo qualyck in *de Graf schriften van Mech*. I. deel bladz. 319 bygebracht, dat men het alhier behoort te herhaelen gelyck het selve nu seer naukeurigh ter plaetse naergesien, in-derdaedt is luydende, te weten:

De Clercq Bovekercke.	Annocke.
Broucsaulx.	Bocx.**
De Fevere.	Colisson.
De Fercour.*	Van Cleverskercke.

Cy gist Noble Hom'e Messier *Chaerles de Clercq* Chevalier Seigneur de *Bovvekerke* Conseillier et Chamberlain de l'Emp,r Charles V.e President des Comptes a *Lille* Com'issayre G'nal au Reaulme de *Naples* qui trespassa le xx.e de Septēber A°. xv.c xxxiii Et Dame *Anna Annocke* sa cōpaingne qui trespassa le xii.e Decēber A° xv.c xxxvii Aussy Reverendt Pere en Dieu *Ian* Archevesque d'*Orissan* et *St. Iuste* en *Sardingne* qui trespassa le xi.e d'Aoust A°. xv.c xxvi Et Dame *Margerite* Dame de *Blienberge* qui trespassa le vii.e de Fevrier A°. xv.c Lxiii leur progenie Et Messier *Chaerles le Clerc* Esquiier filis de Messier *Gulliam le Clerc* Sr. de *Bovvekercke* et *Lochem* en son temps Bourgm're de *Malines* trespasse le 5 de May 1602.

* Trois Quintefeuilles ut alibi Frescot.
** Ut alibi Bocxwildere.

Maer niet tegenstaende dat Graf-schrift, blyckt het uyt de Chronycke van het Clooster van *Blydenbergh* dat den voornoemden grootvader met *Anna Annock* (syne 3. huysvrouwe), beheffens hunnen sone *Joannes*, Arts-Bisschop van *Oristagni* (in 't Latyn *Arborea*), ende hunne dochter *Margarita* (Vrouwe) Priorinne van het selve *Blydenbergh*, in dat Clooster (doen ter tydt buyten *Mechelen*) begraeven syn. Den *Alter Tomus Divinor. Officior.*, hier vooren *bladz.* 54 beroepen, seght oock dat die ouders tot *Blydenbergh* ter aerde bestelt syn, ende opschtelyck aen *S Jans* niet anders dan van hunne geheugenisse (*celebrior memoria*) aldaer te behouden, sonder van hunne twee gemelde kinders te gewaghen. De Chronycke van *Blydenbergh* comt over een met het Graf-schrift over den sterfdagh van den Presidents, maer den *Alter Tomus* in plaetse van den 20. September, spreeckt van den 1. December. Volgens de selve Chronycke was *Anna Annock* uyt *S. Jans* Parochie; wordende noch jaerlyckx in September de gedachtenisse der voorschreve persoonen tot *Blydenbergh* gehouden.

In *Sardinia Sacra*, gedruckt tot *Roomen* 1761 *in Folio*, bevindt men *pag.* 249. dat den gemelden *Jan de Clerck* (aldaer qualyck genaemt *de Clarey*) te voren was Canonick van *Cameryck*, ende in 't jaer 1520 Arts-Bisschop van *Oristagni* wirdt by afstandt van *Joannes Brisslot*, het ghene over-een-comt met den *Diction. des Sciences Ecclésiast. part.* 2. *pag.* 843. aengaende *S. Juste*, siet oock *Sardinia Sacra* pags 237.

Hoe gemackelyck en kan het niet gebeurt syn dat naer dien de Nonnen van *Blydenbergh* hun Clooster buyten de Stadt om de inlandsche Oorlogen ten jaere 1578 hebben moeten verlaeten, iemand van de Familie om de gedenckenisse hunder voor-ouders te bewaeren, dien serck-steen

(wiens opschrift seer gebreckelyck opgestelt is) aldus tot S. Jans heeft doen legghen, alwaer onsen Carel de Clerck (den clyn-sone) ten jaere 1602 wel can begraeven syn ; jae dat meer is, men heeft misschien de overblyfsels van die persoonen uyt het oudt afgebrokene Clooster van *Blydenbergh* naer *S. Jans* overgebracht, in welcken gevalle het Graf-schrift eenighsints met waerheydt soude seggen dat sy daer begraeven syn. Siet over de Familie van *de Clerck-de-Boevekercke* onder andere *Rec. Généal. de Fam. des Païs-Bas* 1775 *grand* 8°. *tom.* I. *pag.* 316. *& seqq.*

DRUCK-FEYLE.

Bladz. 29. Lin. 10. Lauwer-tack. *Leest*: eenen Crans ofte Croone van Eycke tacken met hunne Eeckels. 'T is emmers eene Burgerlycke Croone, die van oudts uyt Eycke tacken bestont, ende gegeven wirdt aen die de welke hunne mede-borgers in den Oorlogh hadden bevrydt ; hier van seght Virgilius Æneid. Lib. VI.

. . . . . *umbrata gerunt Civili tempora Quercu.*

APPROBATIE.

Het Verhael van de Stadt Lier door de Rebellen verrast, en door de Borgers van Mechelen en Antwerpen ontset, zal mogen gedrukt worden. Gegeven tot Mechelen den 28. Meert 1781.

J. F. VAN DER MAEREN
Boek-keurder.

STASS. *Vt.*